I
身体・秩序・クィア

佐々木裕子
堀江有里
要 友紀子

Sasaki Yuko, Horie Yuri, Kaname Yukiko

統べるもの／叛くもの

統治とキリスト教の異同をめぐって

新教出版社編集部 編

II
自己・神・蜂起

白石嘉治
栗原 康
五井健太郎

Shiraishi Yoshiharu, Kurihara Yasushi, Goi Kentaro

統べるもの／叛くもの

統治とキリスト教の異同をめぐって

目次

はじめに

本書の出発点

本書は、月刊誌『福音と世界』（新教出版社）の二〇一八年特集のなかから六本の論考を転載し、さらにその執筆者たちによるトークセッション「統《す》べるもの／叛《そむ》くもの――統治とキリスト教の異同をめぐって」（新教出版社・模索舎共催）の内容を収録したものである。なお、論考については若干の加筆をおこなったものもふくまれている。

『福音と世界』ではこのかん、護教的な態度を排し、キリスト教と現代世界の相互批判的な接点を模索するべくさまざまな特集を展開してきた。六月号「労働に希望はあるのか」、七月号「クィア神学とは何か」、八月号「国家、天皇制、キリスト教」、そして一〇月号「アナキズムとキリスト教」などである。これらの特集はさしあたり個別の問題意識から企画されたものだったが、各号をじっさいに編集・刊行していくなかでは、ひとつの大きな問いがじょじょに浮かび上がってくることになった。それが、統治とキリスト教の関係である。

ここでいう統治とは、人びとの個別の身体や具体的な身ぶりに特定の規範を課すことによって、より広範な人口集団や社会全体をも管理しようとする力のことである。このように個々の身体から社会構造までを統べる権力とキリスト教とのあいだには、無視できないかかわりがあるように思われる。例をあげれば、異性愛の正常化による同性愛の逸脱視や、男女間の結婚および生殖を核とした家族像は、まぎれもなくキリスト教によって流布されてきたイデオロギーの一種である。また、キリスト教が国家による統治を正当化し、植民地支配を推し進める原動力となってきたことも、歴史的な事実である。もしくは、ルイ・アルチュセールやミシェル・フーコーといった思想家たちが、身体を訓練する装置への従属によって主体が生産されるという近代のメカニズムの解明にさいして、礼拝や告解といったキリスト教の儀礼的な身ぶりのなかにその範例をみいだしていたことを想起してもよいだろう。いずれにせよ、こうした事例をみるにつけ、次のように問わざるをえないのだ。キリスト教とは、わたしたちの身体から社会までをつらぬく、統治のひとつの原型なのではないだろうか、と。つまり、ほかでもないキリスト教こそが、わたしたちを統べる当のものなのではないだろうか。

では、わたしたちはいまやキリスト教を唾棄するべきなのだろうか。じっさいに、キリスト教の規範的・教条的なありかたに違和感をもつというひとは少なくないだろうし、その経験によってキリスト教を離れるという選択はしごくまっとうなものである。しかし、それゆえにキリスト教はいまや無用であるといいきってしまうことに、問題がないわけではない。歴史上（あるいは現在も）、キリスト教が時として、人びとが統治になすがままにされることなく生きのびるための拠点となってきたこともまた事実だからだ。キリスト教を捨て去ってしまうことは、こうした事実を忘却のかなたへと押しやってしまうことにつながる。ひいてはそれは、キリスト教に内在する、統治に叛くポテンシャルを摘み取ってしまうことにもなるだろう。統治とキリスト教のあいだには、たしかに異同があるのだ。統べる／叛くという二律背反《アンチノミー》をめぐり、この異同を言葉にすることはいかにして可能なのだろうか。前述のトークセッションは、そうした問題意識のもと、二〇一八年八月三一日、九月一三日の二度にわたって開催されたものである。

本書の構成

本書は大きくふたつの章からなっている。以下では、その概要を紹介しておきたい。
まず、Ｉ「身体・秩序・クィア」について。収録されているのは、三名による論考とトークである。具体的には以下のとおり。佐々木裕子「『クィア』な知の営み――周縁から規範を徹底的に問い直す」（七月号掲載）、堀江有里「教会をめぐるクィアな可能性――〈怒り〉の回復とその共同性に向けて」（七月号掲載）、要友紀子「セックスワーカーの人権を考える――『女からの解放』か『女としての解放』か」（六月号掲載）。

ここでおもに問われるのは、ジェンダー・セクシュアリティの秩序という点から、キリスト教はわたしたちの身体をいかに統べてきたのかということである。とりわけ争点となるのは、クィアという概念の理解、キリスト教会の家族主義、そしてセックスワークのスティグマ化である。いずれも、キリスト教のジェンダー・セクシュアリティ観や家族観が、現在の社会構造と人びとの意識に残している禍根を背景としたものであることは疑いえない。

とはいえ、人びとは統治をただ受け入れるばかりの無力な存在ではけっしてない。クィアの概念や実践の深化、セックスワーカー当事者による活動の展開にもあらわれているように、現在の社会を統べる価値観は、異議申し立てや、オルタナティヴな価値観からの問いなおしにさらされている。では、こうした動きにたいしてキリスト教はどのようにかかわることができるのだろうか。あるいは、そのさいになおもつきまとう危険性とは、いったいどのようなものだろうか。

ここで、キリスト教がしばしばとる弥縫策に、「排除」の裏返しとしての「包摂」がある。「神の子」や「神の愛」、「罪」とそれにたいする「赦し」といったレトリックを用いて、以前は排除してきたものを今度はみずからの価値観に取り込む温情主義的《パターナリスティック》な態度。だが、非規範的なものを排除するか、それとも包摂するか、という二択は結局コインの裏表でしかない。たとえ規範がより包摂的なものになろうとも、そこには従来的な価値観や思考法が巧妙に維持され、規範的なものと非規範的なものとの格差は結果としてますます広がることになるだろう。必要なのは、規範と非規範とを分け隔てつづける、キリスト教の文法それじたいを問いに付すことなのだ。

いま、キリスト教界では、ＬＧＢＴという語がじょじょに認知され、また神学とクィアを結びつけようとする「クィア神学」の挑戦がさまざまになされている。また社会全般においても、多様性《ダイバーシティ》がある種の流行語となり、性産業への関心がまがりなりにも高まっている。だが、こうしたときこそわたしたちは注意深くならねばならない。いまおこなわれていることは、規範の再審か、それとも包摂か。そこには、温情主義的な欲望がしのびこんではいないのか。本章の議論は、この点を鋭く問うている。排除と包摂のどちらかを迫るようなコイントスなどいらない。そのコインを握っているのは、いったいだれなのか、と。

次にⅡ「自己・神・蜂起」について。前章と同様、ここには三名による論考およびトークが収録されている。白石嘉治「天皇のてまえと憲法のかなたで——公共性から自然へとおりていくために」（八月号掲載）、栗原康「キリスト抹殺論——ナザレのイエスはアナキスト」（一〇月号掲載）、五井健太郎「『いまだ分離されていない世界』を求めて——キリスト教アナキズムについて」（一〇月号掲載）である。

表題をみてもわかるように、これらの論考はいずれもある種のアナーキーなものにもとづいて書かれている。ではアナーキーなものとはなにか。それは、国家や公共性、あるいはキリスト教といった統治にたいして漸次改良を試みることではなく、端的にその支配圏を離脱しようとすることである。統治の技術を的確に把握しつつ、それらにたいしていかに非対称性を保ち、自由な生を謳歌することができるのかを試みる、ある種の実践ないし実験によってアナーキーなものは裏づけられるともいえるだろう。

ではそのとき、キリスト教とアナーキーなものの関係はどうなるのだろうか。キリスト教は、神を頂点として人びとを組織する統治であるとさしあたりはいえる。そこには垂直的な権力構造が設けられており、神に、あるいはその代弁者たる聖職者や教会に民衆がたてつくことなどまるで不可能なようだ。それどころかこの統治は、神が愛し、赦し、養ってくれるからこそおまえたちは生きていられるのだ、と人びとの生に負債をおわせることで、みずからの支配を遡及的に追認し正当化していくのである。その意味では、天皇制による国家支配とも、家父長制や資本制による支配関係とも、キリスト教はさして変わるところがない。まして、こうしたキリスト教とアナーキーなものとは、どこまでいっても交わらないように思われる。

だが歴史を見渡してみれば、キリスト教とアナーキーなものが手をたずさえながら出現してきた実例はいくつもある。なぜだろうか。それは、キリスト教のなかには、権力による代弁や媒介をなんら必要とせず、統治から離脱して世界と直接的に触れあおうとするアナーキーな信念（信仰？）がたしかに流れているからである。すなわち、いかなる権力も必要ないし、それによって介入され支配されるいわれもない。統治の手を離れてもっとゆたかにこの世界を生きることができるはずだし、わたしにはたしかにその力がある。そうした信念である。キリスト教に底流するこの信念を系譜的にたどれば、かつては異端とみなされた思想家たちに、そしてナザレのイエスにすらたどりつく。そのとき、キリスト教とアナーキーなものはもういちど出会いなおすことになるのである。それは同時に、統べるものとしてのキリスト教に、キリスト教みずからが叛くときでもあるだろう。

小括

以上、本書の内容を駆け足で紹介してきた。IとⅡではとりあげているテーマが大きく異なっており、ばあいによっては、そこには距離があるようにみえるかもしれない。だが、キリスト教にたいする厳しい問いを起点として、あらたな生や共同性のありかたを切りひらこうとしているという意味では、たしかに共鳴するものがあるはずだ。章を問わず、それぞれの議論のなかに、相通じる構えをみつけることもできるだろう。あるいは、それでも相違ないし争点があるのだとすれば、その間隙こそが、統治にうがたれるべきあらたな風穴を予示しているのではないだろうか。

そのうえで強調しておきたいのは、本書はけっして、キリスト教はやはり「よいもの」であるという単純な結論をめざしているわけではない、ということだ。キリスト教はその本質において、統治に抵抗する「よいもの」なのか。そうではないだろう。キリスト教こそが統べるものでありつづけてきたし、また現在でもそうである。したがって、統治に叛くということは、キリスト教みずからの責任事なのだ。本書は、その責任の一端に取り組んだにすぎない。そしてその取り組みは、これからもつづいていく。

ここで、謝辞を述べさせていただきます。『福音と世界』に寄稿し、またトークセッションに登壇してくださった佐々木裕子さん、堀江有里さん、要友紀子さん、白石嘉治さん、栗原康さん、五井健太郎さん。みなさんが力を貸してくださったからこそ、このかんの『福音と世界』の歩みがあり、また本書はできあがりました。ほんとうにありがとうございました。

トークセッションを共催してくださった書店・模索舎さんと、会場を提供してくださったカフェ・ラバンデリアさんにも感謝いたします。また、装釘を担ってくださった宗利淳一さんにもお礼を申し上げます。

最後に、『福音と世界』読者、トークセッションへの来場者、本書の読者、すべての方に心からお礼を申し上げます。小さな本ですが、すこしでもみなさんのお役に立てばと願っています。

新教出版社編集部

I

身体・秩序・クィア

「クィア」な知の営み

周縁から規範を徹底的に問い直す

佐々木裕子

「クィア」の出自――生存のために

近年「LGBT」という語を国内の報道でも多く目にするようになった。かつて沈黙の闇に置かれていた性的マイノリティの抱える問題やその解消について、議論が進みつつあるという状況はある程度歓迎し得るものだ。このような流れのためか「クィア理論が専門分野である」と言うと、ひとまず性的マイノリティに関わることを指すのだと推察される機会も増えたと実感している。だが「クィアとは性的マイノリティの総称である」とか、「LGBTQのQは「クィアQueer」か「クエスチョニングQuestioning」のことで、必ずしもLGBTに入らない人たちのことである」といった理解にもしばしば直面する。確かにこのような用いられ方もなされてきたものの、「クィア」という言葉に託されてきたものが抹消されてしまう危うさがあることを懸念している。

「クィア」という語は、そもそも同性愛者を指す、口に出すのも憚られるような強い侮蔑語であった。その意味の転覆が起きたのは、一九八〇年代に米国をそして世界各地を襲った、いわゆる「エイズ危機」の時代である。確認された初期の感染者には、同性愛者、セックスワーカー、静脈注射による薬物使用者、有色人種、貧困層など、社会的に周縁的な位置に置かれている人々が多かったため／にもかかわらず、米国政府や製薬業界は感染源の特定や薬剤の開発に消極的であり、事実上の「見殺し」状態であった。[1] ニューヨーク市人権委員会「エイズ差別ユニット」のメンバー達は一九八七年に、「病と差別によって打ちのめされている人々は実に多様」であるが、周縁にある人々はＨＩＶ／エイズがあろうとなかろうと、すでに差別や偏見に「慣れて」しまっており――自らの権利や、支援機関へのアクセスについて、ほぼ何の情報も手立ても持たない状態であり、よって「差別を根絶できるかどうかが、エイズを根絶できるかどうかを決める」と述べている。[2] このような状況の中で展開された「クィア・アクティビズム」の特徴の一つは、「クィア」の侮蔑的なニュアンスをあえて引き受けて使用し、侮蔑語としての機能を奪い取ったことにある。その上で、周縁にある立場の者にも救済を、というのではなく、自分達を周縁に置き、見殺しにしている主流派こそがこの病の蔓延に責任があるのだと主張し、差別的な価値観の転覆を図るきわめて戦闘的な活動を繰り広げたのだ。

このように「クィア」とは何よりも周縁の人々の生存に深く関わるものである。リサ・デュガンによれば、「クィアな／のコミュニティ」とは、「単にメンバーの性的なパートナーのジェンダーによる定義がもはやなされないような」集団、あるいは支配的な性の規範に対して「共通の異議によってのみ一丸となる」集団――すなわち個々の性自認や性的指向が何であるかに基づくのではなく、主流の価値観による排除に対して共通の憤りを持つ者同士の集団を指すのに使われていたという。(3) しかしながら、単に「階級、人種、ジェンダーの障壁をまたい」で大人数の連帯を形成すればいいというのではなく、そのような「暫定的な統一体を作りつつも、それぞれの差異を認識するという逆説的な必要性を満たすこと」(4) が（少なくとも理念上は）目標とされていたことに注意が必要である。主流社会から排除されたマイノリティ達の集合体において、その中での互いの差異や、それに基づく権力関係を注視することの必要性がここで主張されている。

学術界において「クィア理論」という語を一九九〇年に提唱したテレサ・デ・ラウレティスも、同様の問題関心を抱いていた。(5) 当時は「レズビアン＆ゲイ」という表現が多く使われるようになっていたものの、実際この「＆」は男性同性愛者を指す「ゲイGay」に、女性同性愛者の「レズビアンLesbian」を安易に接続させ、結果として両者のジェンダー差異が「単に当然のものとされ、覆い隠されてしまう」（v）のだとデ・ラウレティスは指摘する。これは単にレズビアンとゲイの間の話だけではなく、「人種やそれに伴う、階級、民族文化、世代、地理的、社会的-政治的な位置に関連しての、レズビアン達の間や、その内部の諸差異について、またゲイ男性達の間や、その内部の諸差異についてとなると、自分達自身についても十分に知らない状態」（viii）であるという。すなわちＬやＧといった言葉を単につなげることで両者の間の差異が消されること、そしてそれら一語ずつの「内部」に横たわる差異が抹消されていることが、ここでは批判されているのだ。デ・ラウレティスによれば「クィア理論」の語は、このような認識から「逸脱し、それらを乗り越え、少なくとも問題化するため」（v）のものであるという。

単に「異性愛」対「クィア」の二項対立ではなく

このように「クィア」の語に賭けられたものを概観すれば、筆者が冒頭に例示した二つの「クィア」理解には重要な見落としがあることが分かるだろう。まず「クィア」とは単に性的マイノリティ〈の〉集合を指すものでもなければ、性的マイノリティによる／性的マイノリティのための運動や議論なのでもない。「クィア」であることとは、デュガンが述べているように、現行の性の規範が特定の人物や行動やセックスの実践を、周縁的・逸脱的と位置付けること――それによって特定の人々の生存を困難にさせ、あるいは抹殺を行うことに対して異議申し立てを行い、支配的な価値観の転覆を図るということを指す。これを行うのは必ずしも「LGBT」に区分けされ得る／を自認する人〈だけ〉とは限らないし、「クィア」が行うのは単なる「同性愛者」あるいは同性カップルの権利回復といったことではないことに注意が必要だ。

とはいえ、「クィア」を標榜する人々が必ずしもこの点に十分に警戒を払い続けてきたわけではないことも、すでに九〇年代から指摘され続けている。例えばキャシー・J・コーヘンは一九九七年の論文にて、「クィア・ポリティクス」において、単に「セクシュアリティ」による差別・抑圧〈のみ〉が前景化されていると述べ、「異性愛者」対「クィア」という安易な分断の仕方、すなわち、全ての異性愛者は異性愛規範によって恩恵を受けているといった、一枚岩的な認識について批判を投げかけている。[6]「権力や特権を持たない周縁の集団の人々は、異性愛的な行動をしていたとしても、支配的な社会の規範や価値の外側として、自分たちが定義されているのを見出す[7]」と述べるコーヘンは、異性愛規範が単に「非‐異性愛者」である人々を放逐するだけではなく、人種主義や、婚姻に基づく家族主義、あるいは誰が「市民」として見なされ得るのかという枠組みを動員しながら成立していることを確認した上で、そのような様々な差別軸を十分に検討した「包括的な挑戦」(8)を通じての、根本的な社会変革が目指されるべきだと主張している。

例えば近年の国内における同性婚や同性パートナーシップの議論においても、この点は見逃せないものとなるだろう。無論、同性カップルに婚姻の権利が認められないことの格差是正は必要ではあるものの、それ〈だけ〉がゴールになる時に、そもそも結婚やカップル生活を目指さない／せない人々、恋愛や性愛を持たない人々が抱える問題が見落とされるばかりか、性的マイノリティに対する差別や暴力の解決がしばしばなされないままとなること、すなわち現行の制度において弱い立場にある人々と、そこに迎合あるいは同化できる人々との格差がさらに深化することについては、すでに多くの批判が提出されている。(9)またとりわけ日本においては、婚姻制度とは戸籍制度に基づくものであり、単に男性を頂点とした家父長制的な異性間のモノガミーのカップルを正当なものとする機能を果たすだけではなく、人々の間に出自によるヒエラルキーを設け、それを支えるものであることに注意が必要である。現行の戸籍制度が、外国人、婚外子、被差別部落出身者の／とされる人々への差別や偏見を強固にしてきたということを考えれば、異性カップル－同性カップルの間の婚姻にまつわる格差が解消されたとしても、それは「包括的な」差別の解消とはなり得ないだろう。(10)

つながりへの希求、つながりの危うさ

ここで、冒頭に提示した「クィア」のもう一つの理解について、話を戻したい。すでにデ・ラウレティスの議論にて確認したように、「クィア」に託されたのは、（LやGといった）カテゴリー用語を単につなげることにまつわる問題を、批判的な議論の俎上に置くことであった。この点で「LGBTQ」の「Q」を「クィア」とすることについてはしばしの留保が必要である。繰り返すが、「クィア」とは、そのように頭文字を単に並べていく過程において、どのような差異が（再びあるいは何度も）抹消されてしまうのか、それはどのような支配的な権力を温存させるものであるのかを問い直すための意味を帯びた（はずの）語であるからだ。また学術界においても、特にポスト構造主義的な思想が強い影響を持っていた中で、それぞれのカテゴリーがいかに社会的・文化的に構築されたものであるかという検討が多くなされてきた。

このような「クィア」な／の動きによって編み出された枠組みは、単にカテゴリー用語を並べ、あるいはその「多様さ」を安易に祝福することについて警戒を促すものであ

る。言い換えれば、複数のカテゴリーを次々と発見し、つなげていくという作業とは、位相を異にするとまでは言い切れずとも、少なくとも親和性を持たないものだとは言えるだろう。[11] しかしながら、両者を同一視する議論は枚挙にいとまがない。例えば、近年、日本語に翻訳された初の「クィア神学」の著作として話題の、パトリック・チェン『ラディカル・ラブ[12]』においても、この点が十分に検討されているとは言い難い。「「クィア」とはＬＧＢＴＩＱＡといった略語と同義語と言えるだろう」（16）と述べるチェンが、その著作のタイトルでもあるところの、神の「ラディカル・ラブ」とは「既存のあらゆる境界を溶かし去ってしまうほどの究極の愛」（59）であり、「境界や隔てを消し去ること」を拒む姿勢は「罪」（88）だと位置付けるときに、問題は深刻なものとなる。

カテゴリー用語をつなげる際の危険性とは、様々な差異が抹消されるということであるが、それは同時に、現行の社会においてより強者である側へ、そうでない側を一方的に統合あるいは回収する効果を持つ。これはＬとＧの場合で言えば、女性同性愛者の性=生や経験が、男性同性愛者のそれによって消されてしまうということになるが、さらに加えて、そもそも近代において白人の健常な男性とその身体を基準に成立してきた、性愛や性的欲望といった概念を問い直す機会が失われるということを意味している。結果として、そのような支配的な概念に同化していくことのできる存在が声を獲得し、生存可能性を拡大させる一方で、そうではない人々は不可視なままに取り残されてしまう。

強者と弱者を平たく並べることを肯定的なものとして打ち出すチェンが、キリスト教の核にある思想について「クィア」性を見出していく一方で、「クィア」な／の経験の中にキリスト教の要素を見出していくことには、特に注意が必要である。前者は、規範的なものの中に「クィア」なものがいかに紛れ込んでおり、それにもかかわらずいかに排除されてきたのかを問い直す作業であり、結果としてマジョリティ－マイノリティの間の線引きが、いかに特定の価値観に基づいて恣意的に形成されたものかをあばき、転覆への契機となるものだと言えるが、後者については、特に近代の性の規範の根拠の一つとして動員されるキリスト教の価値観によって、マイノリティを捉えるものであるからだ。[13]このような前提に立つ「クィア神学」の議論は、「クィア」が可能にしてきた抵抗的な知のあり方をむしろ無効化するばかりか、キリスト教が国境を越えて布教活動を行う中で引き起こしてきた暴力を再演するものともなり、結果として双方に託された、この世の不正義を問い直し、変革を起こす可能性——それは人々の生存に関わるものである——を裏切るものとなっている。

「クィア」――これまでと、これからと

本稿では主に「クィア」が八〇年代から展開した知や視座について述べてきた。最後に指摘したいのは、このような思考の枠組みは必ずしも「クィア」によって突然に表舞台に登場したのではないということである。特に六〇年代以降のフェミニズムが、「女」とされる人々の間の人種、階級、性的指向、身体的条件などの諸差異をしばしば見落とし、そしてそのことへの異議申し立てを端緒とした対話や議論の中で、様々な知や実践を編み出してきたことは、「クィア」がその出自の多くを負うところだ。(14)「クィア」という語をめぐってもまた、多くの異議申し立てや、批判的再検討がなされ続けており、そしてこれからも政治状況の変化によって、あるいは地域や時代をまたぐ中で、その有効性が問われ続けていくことであろうし、そのようになることにこそ、むしろ抵抗と変革の希望が託されるべきであるだろう。決して解決し得ぬ問題を問い続けることでしか、性＝生に関わる知や言葉は生まれ得ないし、単にどの存在も多様で祝福されていると言うのではなく、どの存在がその「非 - 規範性」によって生存を困難にされているかを見つめることを契機としない限り、生きやすさ／づらさをめぐる不正義は根絶され得ないのだから。

注

（1）例えば当時エイズ・アクティビストとして活躍していたラリー・クレイマーは、一九八三年に以下のように述べている。「もしこの伝染病が、異性愛者の、白人の、静脈注射による薬物使用者ではない、中産階級の人々に起きていたら、［公的資］金がすでに二年前に使われていただろう」。Larry Kramer, "1,112 and Counting," in *New York Native*, Issue 59, March 14-27, 1983, http://www.indymedia.org.uk/en/2003/05/66488.html.

（2）Amber Hollibaugh, Mitchell Karp, Katy Taylor and Douglas Crimp, "The Second Epidemic," in *October*, Vol.43 (Winter 1987): 128, 138. なお前者はミッチェル・カープ、後者はアンバー・ホリボーの発言である。

（3）Lisa Duggan, "Making It Perfectly Queer" (1991), in *Sex Wars: Sexual Dissent and Political Culture*, 10th anniversary ed., ed. by Lisa Duggan and Nan D. Hunter (New York: Routledge, 2006): 157.

（4）*Ibid.*, 161-162.

（5）Teresa de Lauretis, "Queer Theory: Lesbian and Gay Sexualities," in *differences: A Journal of Feminist Cultural Studies* 3:2 (1991): iii-xviii.（=「クィア・セオリー——レズビアン／ゲイ・セクシュアリティ」『ユリイカ』大脇美智子訳、一九九六年一一月号、六六—七七頁。）以下デ・ラウレティスの引用については原文の頁数を本文中に記す。

（6）Cathy J. Cohen, "Punks, Bulldaggers, and Welfare Queens: The Radical Potential of Queer Politics?," in *GLQ* 3 (1997): 437-465.

（7）*Ibid.*, 454.

（8）*Ibid.*, 440.

（9）例えばリサ・デュガンは二〇〇〇年代初期における米国の状況を受けて、このような同化主義的で、脱政治化、あるいはきわめて限定された政治目標（同性婚や軍隊への参加など）を中心に据える運動のあり方を指す語として「新しいホモノーマティビティ」という語を提唱している。Lisa Duggan, *The Twilight of Equality?: Neoliberalism, Cultural Politics, and the Attack on Democracy* (Boston: Beacon Press, 2003). また同様の問題については、清水晶子「『ちゃんと正しい方向にむかってる』――クィア・ポリティクスの現在」（三浦玲一、早坂静編著『ジェンダーと「自由」――理論、リベラリズム、クィア』彩流社、二〇一三年、三一三―三三一頁）を参照のこと。

（10）この問題については、堀江有里『レズビアン・アイデンティティーズ』（洛北出版、二〇一五年）の、とりわけ第六章「〈反婚〉の思想と実践」を参照のこと。

（11）ただし、しばしば誤解あるいは単純化されるように、「クィア」はアイデンティティ用語の使用に全面的に否定的であるというわけではない。例えばジュディス・バトラーは、そのような語を用いる必要性と、同時にそれがどのような危険性や限界を持ち得るものであるかということを、以下の論文において指摘している。Judith Butler, "Imitation and Gender Insubordination," in *The Lesbian and Gay Studies Reader*, ed. by Henry Abelove et.al. (New York and London: Routledge, 1993): 307-320.（＝「模倣とジェンダーへの抵抗」『イマーゴ』第七巻六号、杉浦悦子訳、一九九六年、一一六―一三五頁。）

（12）パトリック・チェン『ラディカル・ラブ――クィア神学入門』工藤万里江訳、新教出版社、二〇一四年。以下本書の頁数については、文中に記す。

（13）この点については、以下を参照のこと。ささきゆーこ「むしろ、きょうかいのあちら側にて呼ばわる者の声がする」『ＥＣＱＡニュースレター』第七四号、二〇一五年三月、一―五頁。

（14）とはいえ「クィア」世代のプレゼンスが高まる中で、過去のフェミニズムが単に発展途上のものとして、一枚岩的に解釈され、その価値が過小評価される傾向があったことについて、多くの批判的な検討もなされている。例として以下の論考がある。Lilian Faderman, "Afterword," in *Cross-Purposes: Lesbians, Feminists and the Limits of Aliance*, ed. by Dana Heller (Bloomington and Indianapolis: Indiana University Press, 1997): 221-230. また本書全体にわたって同様の問題が検討されている。

教会をめぐるクィアな可能性

〈怒り〉の回復とその共同性に向けて

堀江有里

〈怒り〉という結節点

「わたしたちを殺すのをやめろ！（Stop killing us!）」――ニューヨークの聖パトリック大聖堂で行なわれているミサの最中に響きわたる声。一九八九年一二月、待降節（アドベント）のことである。映画『怒りを力に――ACT UPの歴史』[1]は、アクト・アップ[2]という団体が呼びかけた直接的な抗議行動「教会を止めろ（Stop the Church）」のワン・シーンを映し出す。このシーンは印象深いコントラストを描き出している。一方では、ミサ中に礼拝堂の通路になだれこみ、無言のうちに「ダイ・イン（die-in）」で抗議を示す人びと。ダイ・インという、死亡状態を模倣した抗議のかたちは、エイズで仲間たちのいのちがつぎつぎに奪われていく現実を、そこに立ち会った人びとにも突きつけるはずのものであった。しかし、他方で、そのような行動とは無関係に、粛々と進んでいくミサという宗教儀式。抗議行動は、その儀式において、あきらかなノイズであったはずだ。だが、まるで誰も気にもかけていないかのように聖書が朗読され、オルガンの奏楽に合わせて、会衆は聖歌をうたう。そのなかで唐突に繰り返される「わたしたちを殺すのをやめろ！（Stop killing us!）」という抗議行動参加者の叫びは、まさに、死にゆく人びとを放置し、無関心のなかで儀式を守りつづける会衆への〈怒り〉とともに発されているようにも読み取ることができる。

「教会を止めろ」行動の当日、かれらが直接に対峙しようとしたのは、ジョン・オコナー枢機卿であった。かれらの行動は、ＨＩＶ感染を予防する手段としてのセイファー・セックス教育を敵視する教会への直接的な抗議であると同時に、同性愛者を罪人として裁き、エイズは同性愛者への天罰だと主張してやまない人びと、その思想を支える背景への抗議でもあった。(3) まさに映画のタイトルにあるように、エイズをめぐって、それまでにあった性規範が強化されるただなかで、性的「逸脱者」とレッテルをはられた人びととの結節点となったのは〈怒り〉という感情でもあったのだ。

クィア――ジェンダー／セクシュアリティをめぐる抵抗

エイズをめぐる社会運動は、男性同性愛者に対する蔑称「クィア（queer）」を逆手に取り、自分たちの抵抗のツールとして広く流用していく契機にもなった。「クィア」は、性規範への抵抗手段、もしくは対抗概念として流用されてきたのだ。排除される存在への名指しがあり、それへの対抗もしくは抵抗が生まれる。フェミニズム理論・クィア理論の研究者である清水晶子は、「クィア」というツールを使った社会運動が「非規範的なセクシュアリティやジェンダーへの差別や排除の気運が高まる中」で、「既存の規範にしたがわない性や身体の正当性を臆面もなく主張し、それを認めない規範を公然と批判することを意味した」と述べる。そこで強調されたのは「いわば反抗的な開き直りの姿勢を前面に打ち出した」という立ち位置である〔清水、二〇一三、三一六―三一七頁〕。

ここで言う「反抗的な開き直りの姿勢」とは、マイノリティの側からマジョリティへと理解の架橋を求めるものではない。〈怒り〉を結節点とした社会運動は、マジョリティの側に対話を求めるよりも、むしろ、マイノリティの側、すなわち、社会から排除され、差別されている人びとが分断を超えてつながっていく効果を生み出したものであった。

そもそも「クィア」という蔑称は誰に向けられたものだったのだろうか。(男性)同性愛者は外見で判断できるわけではない。排除しようとする人びとの周囲にも、気づかないうちに(男性)同性愛者が存在している可能性がある。にもかかわらず、存在しないものとして他者化され、不可視化されていく。

攻撃が向けられたのは「男らしくない男」、「女々しい男」というレッテルをはりつけられた人びとである。つまり、この蔑称は、女性嫌悪や性差別が駆動力となって使用されてきたのだ。にもかかわらず、「クィア」という言葉が蔑称から転用されて使われるようになって(男性)同性愛者に対する蔑称をとらえ返すことはできてきたとしても、女性嫌悪や性差別の問題は置き去りにされてきた側面もある。[4] じつのところ、蔑称としての「クィア」はジェンダー/セクシュアリティの課題を分断する機能をも有してきたのである。であるならば、「クィア」の流用については、同性愛嫌悪への抵抗と同時に、女性嫌悪や性差別への抵抗としても認識していく必要があるのではないだろうか。

いまもキリスト教におけるあからさまな差別的言動は存在しつづけている。しかし他方では、昨今、性の多様性が認識されつつもあるだろう。蔑称から転用された「クィア」は、社会運動においても、また学問領域においてもあくまでも性をめぐる規範を根源的に問うためのツールとして人びとが勝ち取ってきたものだ。その歴史的経緯を踏まえ、クィア神学――キリスト教あるいは教会という文脈においてクィアする（性規範を問いつづける）こと――にはどのような射程と意味があるのだろうか。

カナダの運動史を記したトム・ワーナーは、同性愛者解放運動が目指したものとして、①同性愛者の自己イメージを変化させること、そのために権利の平等だけではなく、不可視化や抑圧を生み出す異性愛主義や同性愛嫌悪と闘うこと［Warner, 2002, pp.7-9］と同時に、②同性愛を病理や不道徳とみなす信念のなかでつくられてきた、寛容や同情というリベラルな概念に挑戦すること［Warner, 2002, p.13］を挙げている。

ワーナーは、「寛容」や「同情」という態度によって、同性愛者が社会や共同体に受け入れられているかのようにみえるが、実際にはそうではないということをえぐり出した。「受容」を求める側とそれに呼応して「寛容」を与える側のあいだには、対等な関係は存在しないという現実が横たわっている。たとえ、ある集団や個人が性の多様性を強調する立場をとったところで、その集団や個人が差別的ではない、とは言えない。あからさまな差別は論外ではあるものの、「リベラル」だと自認する集団や個人のなかでも問題は生じるということだ。具体的にみていくこととしよう。

教会における性別役割とジェンダー規範

ある教会で、つぎのようなケースがあったと聞いた。二〇~三〇名分の食事を自宅で調理し、教会までキャリーケースで運ぶのがじつは大きな負担である、という女性信徒の声。しかし、それに対し、食卓を囲むということはその教会にとって設立以来の大切なコンセプトであるので、なくてはならないものだ、という男性牧師の主張。断片的な情報だけでは簡単に判断できないかもしれないが、その語られ方から、奉仕に労苦する女性信徒の声を前に、上げ膳据え膳で供えられた食事をするだけの男性牧師という構図をわたしは読み取らざるをえなかった。目の前のひとりの信徒の苦悩よりも教会の「伝統」がまさった瞬間でもあったのだろう、と。

福音書にはしばしば食事のシーンが登場する。当時「罪人」と負のレッテルをはられた人びとと食卓をともにしたことは、イエスの出来事——言葉や行ない——の中心的なモチーフのひとつである。とりわけ、そのモチーフを重要視しながら食卓を囲むことを実践してきた教会も少なくはないだろう。しかし、福音書に登場する食卓は、たいがい誰がその食事の準備をしたのかが描かれていない。モチーフを重要視しながら、現実に教会のなかでは、女性たちが食事を準備しているケースが圧倒的に多いのではないだろうか。礼拝出席者は女性たちの比率が高いという現実もあるかも知れない。もちろん、さまざまな問題提起により、そこそこ大きな教会では女性会員以外の担当者が食事当番を担うこともある。また、実際には、人手不足で食事づくりを断念する、出来合いのものを買ってくる、持ち寄りにして個々人の負担を減らすなどの措置をしている教会も少なくはない。かたや、経験や合理性を考えると女性たちが負担したほうが良いと判断されるケースもあるのかもしれない――そもそものような経験や合理性をそのままなぞることの教会的意味を再考する必要があることは言うまでもないが。

いったい、このような食事づくりの奉仕分担が、どのような差別とつながってくるのか。ここで考えたいのは性別役割分担というジェンダー規範の問題である[5]。同時に、性別役割分担は、権力関係を介在させたうえで男女が相補的に配置されるため、異性愛規範を前提としている。たとえ、女性たちによる食事づくりの奉仕分担が自主的であったとしても、男性たちの多くがその負担を担うことなく、それでもなお食卓を囲むことが大切であるとの主張がなされるとき、その結果、ジェンダー規範を支えつづけ、異性愛規範を再生産しつづけてしまう現実は横たわっているのだ。

差別を支える構造――マイクロアグレッション

「マイクロアグレッション（microaggressions）」という概念を使って、あからさまな差別的言動ではないものの、「ステレオタイプや偏見に基づく言動のうち、目に見えにくい、しかし受け手にダメージを与えるもの」を定式化したのはD・W・スーである〔金、二〇一六、一〇八頁〕(6)。アメリカ合衆国を文脈として、日常的なレイシズムを分析するところからはじまり、スーは、その射程を性差別や性的指向をめぐる差別に広げていく。マイクロアグレッションは、非直接的で、無意識のうちに行なわれるもので、かつマイノリティにとっては継続性があるために害悪をもたらす。〈些細なこと〉の積み重ねがマイノリティの自己尊厳を少しずつ浸食し、生を損なっていく。そして、〈些細なこと〉であるがゆえに、マジョリティ側は何が問題であるのかを理解できず、マイノリティの傷を過小評価する〔金、二〇一六、一一四―一一五頁〕。

スーは性的指向をめぐるマイクロアグレッションを支える例のひとつに「異性愛規範の文化や言動を前提とする」という点を挙げている。マジョリティとしての異性愛者は、異性愛のアイデンティティや関係性に特権があることに無自覚である。そのため、そのうえに乗っかって日常生活を送っている人びとにとって、異性愛主義という規範はそもそも不可視である［Sue, 2010, p. 190-191］。異性愛規範の文化や言動は、異性愛のライフスタイルを助長し、支え、有効化するだけではなくて、それを規範的なものとしても促進する。わたしたちの社会における価値や性別役割をつくりだすものでもあるのだ［Sue, 2010, p. 196］。

先のような食事づくりの奉仕分担にしても、〈些細なこと〉だと思われるかもしれない。しかし、非異性愛者へのマイクロアグレッションを構成する要素として認識することも可能なのではないだろうか。問題化することが困難であり、かつ、継続性が高いために、マイノリティの生が損なわれる結果ともなりうることに注意しておきたい。

とくにレイシズムの問題に焦点を当て、スーの著作を中心に紹介する金友子《きむうぢゃ》はつぎのように述べる。

> マイクロアグレッションは「うまく言えないもやもや」に目を向けさせ、「あれは何だったんだ」という問いに、「それは攻撃だった」と言葉（答え）を与えてくれる。また、過剰に敏感だと思われていたことや、見過ごされてきたことに対して、それは過剰でも過敏でもなく、生きている現実の違いが認識のギャップを生んでいるのであり、そもそも問題である、といえる力のある概念である。［金、二〇一六、一二〇頁］

ある概念が日常を読み解く機会を与えてくれるとき、「もやもや」したものや、そこから生じる苛立ちに立ち止まってみる可能性がひらかれる。見過ごされたり、過剰反応だと思われるような事柄に名前が与えられる。まさに、その瞬間は、「もやもや」を通り過ぎることなく、同じような状況に置かれている誰かと共有できる可能性へと思いを馳せる好機なのではないだろうか。

〈怒り〉の共同性に向けて

わたしたちは主日ごとにイエス・キリストの出来事を想起し、神を賛美するなかで礼拝を守りつづけている。主の御用のために献身し、礼拝を守ることを何よりも日常の第一義に位置づけ、日々奉仕するのが牧師のつとめである——自分自身にそう言い聞かせて、しばらくの時間が経つ。しかし、ただ形式を守るだけの姿勢からでは、社会規範からこぼれ落ちる事柄や人びとに気づくことはできない。こぼれ落ち、不可視化される事柄や人びとへと思いを馳せるどころか、既存の社会規範への抵抗を生み出していく想像力すら生まれない。大切なことは、その自らの足下をみつめつつ、問いつつ、形式という伝統がほころぶ瞬間を見過ごさないことであろう。そして、そこに浮かび上がってくる声なき声を聴き、つなげていくことであろう。

理不尽だと思われる事柄に対して、怒りを表明することやり返すことは否定的な結果をもたらすし、感情的に爆発することはマイノリティへのステレオタイプを強化する〔金、二〇一六、一一七頁〕。しかし、性規範にのっとり形式を守ることを直接的・間接的に強制されるただなかにある人びとが、教会のなかに生じるほころびで出会いなおし、教会という枠組を超えてつながっていく可能性があることを、わたしは信じたい。形式主義を繰り返し批判しつづけたイエスの出来事を想起しながら理不尽な事柄に対する〈怒り〉の共同性を回復していくとき、わたしたちは生かされていくのだ、と。つながらざるをえないほころびは、クィアな可能性でもあるのではないだろうか。

注

（1）ドキュメンタリー映画『怒りを力に――ACT UPの歴史』（ジム・ハバード監督、アメリカ合衆国、二〇一二年）。原題は「United in Anger」。日本語字幕付きのDVDはFAV連連影展でも購入可能である。公式サイト http://www.renren-fav.org/

（2）一九八七年にニューヨークで設立された「ACT UP／AIDS Coalition to Unleash Power（力を解放するエイズ連合）」は、メディアやアートを駆使し、行政や宗教団体などに赴き、非暴力に基づく直接的な抗議行動を展開するなど、新しい社会運動の手法を提示した〔田崎、一九九三]。

(3) "Stop the Church Action 10 Year Anniversary Action: Act Up" (http://www.actupny.org/YELL/stopchurch99.html:最終閲覧日二〇一八年五月一〇日)。

(4)「クィア」を学問領域で援用したテレサ・デ・ラウレティスは、レズビアンとゲイ男性のあいだにあるジェンダー格差や人種・民族などの差異について言及していることにも注意しておきたい [de Lauretis, 1991]。

(5) 同時に、このようなジェンダー規範を支える「家族規範」がある。近代日本における天皇制の国民管理イデオロギーである「家族国家観」とパラレルに存在する「家族教会観」については拙論 [堀江、二〇一七] を参照されたい。

(6)「マイクロアグレッション」概念を立命館大学での継続した研究会(フェミニズム研究会)で共有し、ともに考える機会をくださった金友子さんに、またその重要性を思い起こさせてくださったマイクロアグレッション読書会(西早稲田)の主宰者である真下弥生さんに感謝したい。

文献

金友子、二〇一六、「マイクロアグレッション概念の射程」堀江有里・山口真紀・大谷通高編著『〈抵抗〉としてのフェミニズム』(立命館大学生存学研究センター報告二四)、一〇五―一二三頁。(http://www.ritsumei-arsvi.org/publications/index/type/center_reports/number/24)

清水晶子、二〇一三、「『ちゃんと正しい方向にむかってる』――クィア・ポリティクスの現在」三浦玲一・早坂静編『ジェンダーと「自由」――理論、リベラリズム、クィア』彩流社、三一三―三三一頁。
田崎英明編著、一九九三、『エイズなんてこわくない――ゲイ／エイズ・アクティヴィズムとはなにか?』河出書房新社。
堀江有里、二〇〇六、『「レズビアン」という生き方――キリスト教の異性愛主義を問う』新教出版社。
――、二〇一五、『レズビアン・アイデンティティーズ』洛北出版。
――、二〇一七、「『家族教会観』批判にむけての試論――天皇制・家族主義・教会」『福音と世界』二〇一七年八月号、二四―三〇頁。
de Lauretis, Teresa, 1991, "Queer Theory: Lesbian and Gay Sexualities; An Introduction," *differences: A Journal of Feminist Cultural Studies*, 3(2), pp.iii-xviii.（＝一九九六、大脇美智子抄訳「クィア・セオリー――レズビアン／ゲイ・セクシュアリティ」『ユリイカ』一九九六年一一月号、六六―七七頁。）
Sue, Derald Wing, 2010, *Microaggressions in Everyday Life: Race, Gender, and Sexual Orientation*, Hoboken, New Jersey: John Wiley & Sons.
Warner, Tom, 2002, *Never Going Back: A History of Queer Activism in Canada*, Toronto: University of Toronto Press.

付記
本稿は、『福音と世界』二〇一八年七月号に掲載された原稿に若干の字句等の修正を加えたものである。

セックスワーカーの人権を考える

「女からの解放」か「女としての解放」か

要 友紀子

セックスワーカーの自助団体ＳＷＡＳＨ

私は、性風俗で働く人々の健康と安全のために活動する団体ＳＷＡＳＨのメンバーとして、二〇年くらい活動を続けています。

ＳＷＡＳＨは、性風俗などで働くセックスワーカーが「仕事をしている限りは健康かつ安全に、また、辞めたいときにも健康かつ安全に辞めることができる」状況を目指して活動するグループで、一九九九年に関西で設立されました。ここでの「健康・安全」とは、身体的・精神的・社会的な「健康・安全」を指します。

メンバーは、現役もしくは元セックスワーカーとそのサポーターで構成され、これまでメンバーとなってきた当事者は、ヘテロセクシュアル（異性愛）の女性だけでなく、トランスジェンダー女性、ＭＳＭ（男性と性行為をする男性）、レズビアン女性など、さまざまなセクシュアリティ、ジェンダーを持った人々です。すべての企画・運営にはセックスワーカー当事者が中心となって関わっています。

これまでのおもな活動としては、一九九九年から二〇一〇年までは、セックスワーカー当事者同士での性感染症予防勉強会、調査研究、公的機関との協働・委託事業、海外のセックスワーカー団体とのネットワーク構築、セックスワーカーの人権擁護や差別撤廃といった社会啓発などに取り組み、また二〇一一年以降はこれらの活動に加えて、アウトリーチ（現場に行って啓発や講習などをすること）、ホットライン設置、風俗店オーナー研修、風俗メディアでの情報発信などをしてきました。

最近始めた新しい活動のひとつは「セックスワーカーのためのアドボケーター養成講座」で、セックスワーカーの権利を擁護する「アドボケーター」を増やすため、セックスワークについて幅広い関心から学ぶ講座を開催しました。

「セックスワーカー」という言葉になじみがない方もいらっしゃるかと思いますが、この言葉は一九八〇年にアメリカのセックスワーカーアクティビスト、キャロル・レイによって提唱されました。(1) 日本では、セックスワーカーたちの手記をまとめた翻訳本『セックス・ワーク——性産業に携わる女性たちの声』（パンドラ、一九九三年）が出版されて以降、広く使われるようになりました。この言葉は「売春」や「売春婦」という言葉につきまとう差別的な意味を取り除き、性産業での労働を中立的な視点で捉えたものとして使われています。

セックスワーカーへの視線

セックスワーカーの人権を考える上で、セックスワークをどう考えるべきかという問いは避けて通れません。

古今東西を問わず、セックスワークについては「ジェンダー」「貧困」「婦人保護（女性自立）」の三つの視点から語られることが多く、「労働問題」として取り上げられることはほぼないと言っても過言ではありません。

セックスワークをめぐる議論がこの三つのトピックに偏りがちな理由は、セックスワーカーに対する人々の関心が常に、セックスワークの「入口」（「なぜセックスワーカーなんかになってしまったのか」）と、「出口」（「どうすればセックスワーク以外の仕事に就けるのか」）といった救済的関心に集中するからです。そのためセックスワーカーの過去と未来にばかり興味が向けられ、「セックスワーカーが今何に困っているのか」という、現在のニーズに注目する視点が極端に少ないのです。

こうしたセックスワーカーの「入口・出口」トピックにおける切り口にはどんなものがあるかというと、ジェンダーに関することではたとえば「セックスワーカーは男女格差社会の犠牲者である」とか、「性産業は女性に対する暴力装置である」「女を性的に消費していいという買春文化がセックスワーク／ワーカーを生み出している」とかいった問題提起があります。

近年では貧困問題として「派遣切りに遭った人」「奨学金返済や学費のために働く大学生」「シングルマザー」といった背景を持つセックスワーカーがよくメディアで取り上げられるようになっています。そこでは労働者派遣法の問題や奨学金の問題、シングルマザーが働きにくいといった問題を掘り下げるためというより、それら貧困問題の深刻さを引き立たせる素材としてセックスワーカーが使われています。あるいは、セックスワーカーというフィルターを通して貧困問題が紹介されています。

そして婦人保護（女性自立）の問題として語られる場合には、性暴力、虐待、DV、障がい、精神疾患、鬱、依存症などさまざまな困難を抱えた女性が、性産業でサバイブするケースに焦点が当てられます。こうした女性たちの「自立」や「社会復帰」を促すために国や行政、法執行機関、法律、施策はどうあるべきかという議論がなされ、その中で買春者処罰化などセックスワークの根絶・禁止を視野に入れた政策提言がなされることもあります。
このようにセックスワークに対する問題意識は「セックスワーカーは救済されるべき人々」で、「セックスワークは本来あってはならないもの」という見方に基づいたものがほとんどなのです。この見方が世界中に遍在していることは、世界各国のセックスワーカーたちの運動で「救済者から私たちを救済してください」（"Save us from saviours"）というスローガンが広がっていることからも明らかです。[2]
セックスワーカーたちがこのようなスローガンを掲げなければならないのは、セックスワーカーが救済の対象として見られ続ける限り、いつまでたっても労働問題として認識されず、セックスワークにおける搾取や性暴力、セクシュアルヘルスの問題が改善されないからです。私たちは約二〇年にわたる活動を通じてこの問題を訴えていますが、セックスワークへの問題関心が高まる一方で、セックスワークという労働をより良くし、セックスワーカーの苦痛を減らすという考え方や取り組みが広がらないのはなぜでしょうか。

「女からの解放」と、「女としての解放」

ジェンダー問題として婦人保護（女性自立）を目指す言論・活動には、セックスワーカー当事者たちの運動との連帯をむずかしくさせる論理が内在しています。そこには「労働者としてのセックスワーカーの権利保障とセックスワークに対する差別撤廃」を運動のアジェンダに入れることができないという限界があるのです。

女性解放、すなわち女が被る不利益や不平等、生き難さからの解放を目指すことには「女としての解放」（女という属性やジェンダーを前提とした上で人権が守られること）という側面と、「女からの解放」（女という属性やジェンダーの呪縛から自由になること）という側面の二つがありますが、この二つの解放運動がパラレルに進められてきたのは、どの女性も置き去りにしないためだと私は理解しています。

しかしセックスワークのことについては、なぜか「セックスワーカーからの解放」（セックスワーカーでなくなる自由）だけが目指され、「セックスワーカーとしての解放」（セックスワーカーとして人権が守られること）は置き去りにされています。

たとえばケア労働に関しては、介護保険法（一九九七年）という法制定によって、それまでおもに女が家族の介護を担わなければならなかった状況が少しだけ改善されました。これには「ケア労働からの解放」（介護の社会化）という側面と、「ケア労働者としての解放」（嫁としての無償労働者から賃労働者へ）という側面がありました。すなわち、介護労働から解放されたい女も、介護労働を続けることを選択する女も救われるようなパラレルな解放が目指されてきたのです。

こうした制度上の改善以前には、一九六〇～七〇年代のウーマンリブ運動で、家／結婚制度解体の主張や、子育てを社会化する自主的な試みなど、女が誰かの所有物になる権力関係からの解放が目指されました。しかし時代が進むと、家庭内での性別役割分業の問題化や夫婦別姓に向けた運動、シングルマザーやＤＶ被害者支援、婚外子差別撤廃闘争など、結婚制度の枠内で生じる個別課題を解決する方に重点が置かれるようになります。

こうした経緯をみると、女性たちの多くは家／結婚制度自体をなくすのではなく、家／結婚制度内における特別な権力関係を無効化していく方向を目指してきたことがわかります。つまり、誰かの妻として、妻なりに尊重され、心身の安全が保たれる立場も社会的に守られつつ、一方で妻という立場や家制度から外れた人が被る不利益や不均衡も是正していこうという流れです。

この話を性産業に置き換えると、買春者処罰化や性産業の廃止を求めるのではなく、性産業内での、客とセックスワーカーの力関係の調整や、搾取・ジェンダー差別の再生産の防止に取り組んでいくことはできたはずなのに、なぜこれらには未着手のままなのでしょうか。

さらに押さえておきたいのは、前述したような家／結婚制度をめぐる諸問題が、女性差別撤廃という文脈で問題提起されてきたにもかかわらず、「女が結婚する相手は男」「女が好きになるのは男」「女がセックスする相手は男」といった女性観（とそれに基づく社会編成自体）が問われることはほとんどなかったということです。

男女二分法的セクシュアリティ概念や性別自体を問う概念として「ノンバイナリージェンダー」という言葉がすでにあるように、女性差別とは、そもそも人に女という属性・概念をあてがうことによって誰かを「女扱い」することです。「女」の定義としては、戸籍・身体・性規範・性的指向・性自認などさまざまな条件が挙げられますが、いずれにしても「女」を定義することは常にその定義から外れる女を生み出すことになり、女というものの「正解と基準」を再定義し、ジェンダーを強化してしまうことにつながります。

女性解放運動が、女を苦しめるさまざまな社会システム自体を否定すると同時に、制度内での女の人権擁護を実現してきたという実績があるにもかかわらず、女ジェンダー概念自体の問題性を運動の射程に入れてこなかったことは、実は「セックスワーカーとしての解放」を支援してこなかったことと密接な関係があるのです。

女性解放運動にとって、女とは何か

女ジェンダー概念が女という集団的アイデンティティを形成するのと同じく、女性解放運動もまたひとつの集団的アイデンティティを形成します。つまり女を抑圧する側が、女ジェンダー概念に不当な意味づけを行った場合、「私たち女はそのような集団ではない」と異議を唱えていかなければならず、ここに集団的な価値共有の必然性が生まれます。そしてその結果「女」の再定義を繰り返すことになるのです。

同様に、同じ「女」属性のコミュニティの中でも、「正しい女とは何か」をめぐって裁き合いやせめぎ合いがあります。セックスワーク／ワーカーをどう考えるかをめぐっては、おもに三つの考え方があると言えるでしょう。すなわち、①「セックスワーカーは女としてのサバイブの結果」、②「セックスワークそれ自体が女ジェンダーの再生産」、③「セックスワークの問題は、セックスワーカー当事者ではなくても、女として当事者性がある」の三つです。これらの考え方はいずれも、女という集団的アイデンティティに深く関わっています。ひとつずつ考えていきましょう。

①「セックスワーカーは女としてのサバイブの結果」？

女性解放運動の文脈で「セックスワークは女としてのサバイブの結果」だと言われることにはネガティブな意味合いが強いと思います。しかしセックスワークを選択することを（女としてなのか人としてなのかはわかりませんが）「もっともましなサバイブの方法」と認識している人はたくさんいます。[3] なぜなら、セックスワーク以外の労働環境や条件があまりにひどいため、他の仕事と比べて消去法的にセックスワークを選択する人が多いからです（「女としてなのか人としてなのかはわかりませんが」と留保をつけた理由については②で述べます）。

次に、女としての人生経験とセックスワークを結びつけてみたときも、たとえばセックスワークの選択に、性に関するネガティブな経験やトラウマ、学校教育、家族経験（養育環境）などの影響がある人もいれば、まったく関係がない人もいます。そもそもセックスワークに限らず、自分の今の姿や生き方の選択のルーツを完全に理解している人などいないでしょう。もしいたとしてもそれは可変的で、そのときの自分にとって必要な理解でしかありませんし、他者が「その理解は合っている・間違っている」などと判断すべきものではないと思います。

仮に女としてのネガティブな経験がもとで強い自己否定からセックスワーカーになっ

た人がいたとして、その人にとってセックスワークの経験がさらにネガティブな影響をもたらすのか、あるいはポジティブな影響をもたらすのかも人それぞれです。セックスワークを通して自分に自信を持ち、レジリエンス（抵抗力・復元力）を得ていくケースもよくあるからです。(4)

ちなみにトラウマというのは、セックスワーカーに限らず誰にでもあるものです。一般論として、仕事でつらい経験が重なるとトラウマの症状が出てきやすくなることがあります。つまり、支援者に限らず、本人もまわりの人間も気にかけなければならないのは、その人が今仕事がつらいと感じていないか、働きすぎていないか、無理をしていないかを心配することです。本人の希望とは関係なくセックスワーカーだけに、どのようなトラウマがあるのかと聞く必要があるのか、何のためにそれを明らかにするのかは常に問われなければいけません。

セックスワーカーに対する関心の持ち方は、当事者に投影する自己像そのものでもあります。それを自覚しまた相対化できなければ、セックスワーカーであることの精神的な苦痛の源泉となる物語（ドミナントストーリー）に影響を与えたり、当事者が加害者や差別者に自身を同一化すること（他人が自分を苦しめるのは正しいと思うこと）を心配し、それに気づかせたりすることもできません。

②「セックスワークそれ自体が女ジェンダーの再生産」？

セックスワークを表現するときに「女を売る」という言い方がされることがあります。私は以前、この「女を売る」という認識がセックスワーカー当事者の間でどこまで内面化されているのかを知りたくて、風俗嬢意識調査を行い「あなたは何を売っていると思いますか」と質問をしました。(5)

その結果一番多かった答え（四三・七パーセント／一二六人中五五人、自由回答）が、「精神的なものを売っている」という答えで、具体的にはやすらぎ、愛情、リフレッシュ、ストレス発散、やさしさ、まごころ、ほっとする時間・空間、癒し、元気などといった回答でした。その他の回答をみても、「女」と答えた人はいませんでした。

「セックスワークそれ自体が女ジェンダーの再生産」と思っている人たちにとっては、当事者たちが何を売っていると答えようが、そんなことは関係なく「客の男たちが求めるものを女が売っている」時点で女ジェンダーの再生産なのでしょう。

ここでも、女ジェンダーとは何なのかという疑問が湧いてきます。これは統計ではないのですが、風俗店で人気のセックスワーカーは、女らしさというよりも、人として性格がいい、気配りができる、誠実で思いやりがある、話が面白い・楽しいなど、見た目や女ジェンダーとあまり関係ない要素が理由となっているとよく言われます。逆に言えば「男を相手に女で稼ぐ」という思いがなく、人として接する姿勢が好感を得ているということです。

さらに言えば、セックスワークにおいては女というアイデンティティや女ジェンダーの内面化、性的指向、ひいては「女性的な体」「生物学的女性の身体」が必須条件でないからこそ、クィア女性やレズビアン女性、トランス女性も男性客対象の風俗で働いているのです。さらに、いわゆる「レズ風俗」にはヘテロセクシュアル女性客の需要が多いと言います。

加えて「デブ専」（太っている女性専門店）、「フケ専」（中高年女性専門店）、マッチョな筋肉質の女性専門店など、いわゆる若くてスタイルのいい美人といった資本主義的な価値観からはみ出るコンセプトの風俗がたくさんあり、そういう意味では逆に、風俗は従来の女性観を壊すところでもあり、女ジェンダーの無意味化（または多様化と言うべきか）を促す可能性を大いに秘めた社会関係資本と言えるでしょう。

女らしさの鎧を脱ぎたいのは、どのセクシュアリティのセックスワーカーも同じです。女である前に、自分らしく働きたいのは誰にとっても共通の願いです。だからこそ、セックスワーカー運動はどこの国でも、女ジェンダー概念そのものを問うクィアやトランスのセックスワーカーたちと連帯するのです。これは世界的に共通してみられる現象です。

そういう意味では、セックスワークが女ジェンダーを再生産しているわけではなく、セックスワーカーという小さな円の、さらに大きな円である属性や集団の女の人権や差別の問題が、セックスワークに持ち込まれていると言えると思います。セックスワークをジェンダーやセクシュアリティ、人種、障がいの有無などに関係なく誰でも働ける、あるいは利用することができる仕事にするためには、日本社会の女ジェンダーの脱構築が不可欠です。つまり女に押し付けられた性規範である、家父長制、異性愛主義、性器・射精中心主義（ひいては健常主義、排外主義）から自由にならない限り、セックスワーカーはいつまでも「規格外の女」としてスティグマ化され、不可視化され続けるのです。

③「セックスワークの問題には、女として当事者性がある」？

ライターの松沢呉一氏は自身のウェブ連載(6)で、フランスの歴史学者ミシェル・リオ＝サルセの主張を次のように紹介しています。「ミシェル・リオ＝サルセが言うように、抑圧される側の人間は自己を『抑圧される集団』と重ねることでしかアイデンティティを確立できないために、抑圧する側の論理を内面化しやすく、そこから抜け出すことが容易ではない(7)」。

この論に従えば、「女の私たち」という集団的アイデンティティを持つ人にとっては、セックスワーカーの女たちは分身のようなものです。実際「(自分がセックスワーカー当事者でなくとも)女でいる限り当事者性がある」とはっきり述べる人たちもいます。[8]もちろんこの論は「日本人」や「男」といった他の属性に関してでも当てはまることです。

しかし問題は、その属性の集団の中で声の大きい人たちや数の多い意見が通りやすくなり、「正しい」属性あるいは集団アイデンティティの在り方が求められ、少数派の声や権利が踏みにじられることです。つまり、私たち(抑圧される側の人間)もまた、抑圧する側の人間と同じ論理で動いてしまうということです。

当事者の意思について、当事者に代わって「セックスワーカーになるのは、自分の意思ではなく、社会的強制によるものだ」と断言するのは、抑圧する男たちが、女という集団に偏見を強いるパターナリズム(「女とはこういうものだ」)と同じです。私たちはそのように押し付けられた女のステレオタイプから自由になるために闘っているのではないでしょうか。女は一人ひとり違う考えを持つ個人で、みんな同じではないという考え方こそが、女という呪縛からの解放につながります。

「性産業があることで、女たちが性売買できる存在と見られてしまう」という意見もありますが、こうした意見は常に、性産業を問題視することによって非セックスワーカーの女にもたらされる恩恵については不問にしたまま表明されます。その恩恵とは「性労働ではなく、愛や信頼や人間性や能力や見た目で稼ぐ女」であることで得られる経済的・社会的・文化的・精神的な優遇です。

性労働者として多くの客から選ばれても、誰も「選ばれてよかったね」と言って祝福してくれませんが、愛する男に女の中のナンバーワンとして選ばれて結婚し、男の家と金で暮らすことになったら「選ばれてよかったね」と盛大に祝福される世の中です。

この優遇を女たちが問題視しボイコットしない限り、社会からも男からも資本主義的価値に沿う女（「日本人で健常者でヘテロセクシュアルであって、かつ『売女』ではない女」）を求められ、またそう求められることを望む状態は変わりません。つまり、「女は売り物ではない」ということを訴えたいのであれば、性を売る女も障がいのある女も日本人でない女もセクシュアルマイノリティの女も、すべての女を置き去りにしないことを目指すべきなのです。これが言えないところが、女性解放運動の限界ではないでしょうか。

セックスワークへの分断的な見方

セックスワークをめぐる言説において「セックスワーク／ワーカーからの解放」に重点が置かれる理由として、女の集団的アイデンティティの問題のほかに、「好きでセックスワーカーになった人と、やむを得ずセックスワーカーになった人がいる」という分断的な見方があります。

この分断的な見方は出自や出身国、性別などのいわゆる先天的な属性の集団には向けられませんが、後天的な属性の集団には向けられます。たとえば、非正規労働者には「好きで非正規で働いている人と、正社員になりたくてもなれない人」という分断、ホームレスには「好きでホームレスをしている人と、リストラなどでホームレスになった人」という分断、トランスジェンダー女性には「好きで女装して商売している人と、『病気』で苦しんで女装している人」という分断、HIVとともに生きる人々には「良いエイズ（血友病など薬や輸血を通じてHIVに感染してしまった人）と、悪いエイズ（ハイリスクなセックスやドラッグ使用を繰り返して感染した人）」という分断、そして慰安婦問題だと「遊郭から集められた日本人元慰安婦と、強制連行された素人女性の韓国人元慰安婦」といった分断がなされます。このように、マイノリティや被差別集団の中でもさらに命や人権に優劣がつけられているのです。

セックスワーカーであれば、「良いセックスワーカーと悪いセックスワーカー」という分断的な見方がなされます。養育環境が良くなかったり、性暴力、DV、虐待などの被害に遭ったセックスワーカーは同情されやすいですが、そのようなネガティブなバックグラウンドを持たないセックスワーカーは、不特定多数と金銭を介してセックスができる変わった人か、意識が低い人、あるいは「ヒモ」や風俗業者に洗脳されている人という見方をされます。

しかし、ジェンダーや養育環境、就労格差の不平等などのネガティブなバックグラウンドがなくなれば、セックスワーカーの人身売買や性暴力や性感染症の被害といったネガティブな経験を減らせるわけではありません。ほとんどの場合それは、被害・加害が生じやすくなる労働環境の条件や法的条件のためにこそ起こっているのです。

たしかに、一般的に社会的弱者になるほどさまざまなリスクが高くなる傾向はあると思いますが、それならばかえって彼女／彼らが今いる場所をより安全にしなければ、そういう人たちはますます危険にさらされることになります。社会的排除の問題を解消することがないまま、「ネガティブなバックグラウンドを持った人が風俗で働くこと」を問題化する前に、まずセックスワークをどう捉え、どう安全にしていくのかという問題を先に考えなければいけません。そうでなければ、根本的な問題を不問にしたままセックスワークを論じることになります。

そもそも「風俗の仕事を辞めたい人と続けたい人」という二種類の人が固定的に存在しているわけではありません。一般的な他の労働者とまったく同様に、辞めたいときと続けたいときがあるというだけで、それは可変的なものではないでしょうか。
そして、当事者が仕事を辞めたいと思うようなことがあったときに、ただ辞めたいという思いを支援することだけに終わらず、辞めたいと思うような出来事は何だったのか、それはどのように改善が可能かというところまでを一緒に考えてもらいたいのです。なぜならば、セックスワークにおけるネガティブな経験は、ほとんどの場合改善可能だからです。

注

（1）Global Network of Sex Work Projects, "Carol Leigh coins the term 'sex work.'" 〈http://www.nswp.org/timeline/event/carol-leigh-coins-the-term-sex-work〉

（2）"Save us from saviours" （Youtube 動画）〈https://www.youtube.com/watch?v=OFZfYBaM86M〉

（3）二〇一三年ＳＷＡＳＨ調査「東京・埼玉・すすきの店舗型ヘルス店の『平均的』風俗嬢」〈http://swashweb.sakura.ne.jp/file/2013research.pdf〉。

（4）田中麻子『不可視の性暴力――性風俗従事者と被害の序列』大月書店、二〇一六年、一七〇頁。

（5）要友紀子・水島希『風俗嬢意識調査――１２６人の職業意識』ポット出版、二〇〇五年。

（6）松沢呉一「女たちが体制を補完し、道徳を強化した――女言葉の一世紀」〈https://www.targma.

jp/vivanonlife/2018/02/post41785/〉。

（7）ミシェル・リオ＝サルセ「権力」ヘレナ・ヒラータ、フランソワーズ・ラボリ、エレーヌ・ル＝ドアレ、ダニエル・スノティエ編集『読む事典・女性学』藤原書店、二〇〇二年。

（8）小野沢あかね×北原みのり「性搾取される女たち」『週刊金曜日』一一四六号、株式会社金曜日、二〇一七年七月二八日発行、三〇頁。

Talk Session 1

キリスト教＝性規範の臨界点

堀　今日の司会をつとめさせていただきます、新教出版社の堀真悟です。この間、『福音と世界』では、「労働に希望はあるのか」（六月号）、「クィア神学とは何か」（七月号）といった特集を組んできました。そのなかで浮かび上がってきた問いが、たとえば、同性愛を排除したり「よき」女性像を構築したりといったかたちで、キリスト教は私たちの身体を秩序化し統治に寄与してきたのではないか、ということでした。歴史的にも、それは疑いえない事実だと思います。

一方で現在、性規範に対抗する「クィア」の概念や、あるいはセックスワーカーによる当事者運動が練り上げられています。では、これらの動きとキリスト教はどう関係できるのでしょうか。それが、今回のセッションで考えたいことです。とはいえ、「キリスト教はやはりよいものなのだ」という単純な結論を期待しているのではありません。むしろ必要なのは、統治に与するキリスト教の責任を認識し、キリスト教にたいする批判をさらに深めていくことでしょう。言い換えれば、キリスト教はみずからへの批判をつうじて、いま起きているさまざまなたたかいにどのように貢献できるのでしょうか。

それでは、まず最初に、『福音と世界』七月号の寄稿者である佐々木裕子さんにお話しいただきます。

発題

同化の落とし穴、反同化のあやうさ

佐々木　佐々木裕子と申します。わたしは、フェミニズムやクィアの理論を研究している博士課程の大学院生です。今日はさしあたりクィアについて発題するのが自分の役割なのかなと思っています。
「クィアって何なんですか?」ってよく聞かれるんです。ただ、それにたいして「これこれこうなんです」と簡潔に説明するのは、すごく難しい。不可能だとすら言えます。ただ、本題に入るまえに言っておきたいのですが、クィアあるいはクィア的な態度

というのは、一九八〇年代とか九〇年代にいきなり現れた、あるいは発見されたものではなくて、それまでの個別の運動や研究、とりわけフェミニズムが考えてきたことがその土壌になっています。そのことを強調したうえで、今日はクィアとキリスト教というテーマに関連して三つのポイントをあげたいと思います。

まず一つめのポイントが、クィアにおける反同化的な態度、つまり、規範的なものや大きなもの、とりわけ性に関することで「正しさ」を要求するちからにすり寄らない姿勢です。クィアはもともと、口にするのも憚られるような強い侮蔑語でした。それが現在のような意味合いで用いられるようになったのは、八〇年代のいわゆるエイズ危機の時代です。「おまえたちはクィアだ。逸脱した、病的な、怠惰な、堕落した存在だ」と侮蔑の言葉を投げかけられたときに、たとえば「いいえ、わたしたちはクィアではありません。税金を払っている正しい市民／労働者／納税者です。だからわたしたちにも権利をください」と返すのではなく、「あんたたちの言い分のほうがおかしいだろう。わたしたちはクィアだけれども何か？」と開き直ることで、言葉の意味を奪い返す。そうしてクィアを侮蔑語として機能させないようにしてきたという歴史が、クィアの概念の背景にはあります。つまり、大きなちからや主流社会の価値観に同化するのではなく、周縁にとどまって、戦闘的・攻撃的に差別を告発していくという態度がクィアには含意されています。

ちょっとキリスト教の話に引きつけてみましょう。キリスト教のなかでは、「ＬＧＢＴも神さまの子だから大事にしましょう。多様性は大切です」といった言説が、最近よくみられると思います。ですがそこで、神さま、イエスさま、マリアさま、神父さまといったものに、これまで周縁化されてきた側がみずからすり寄っていくことは、主流社会の制度やヒエラルキー、性に関する／をとりまく「正しさ」、そしてあるいは教会の宗教的権威を温存させることにつながらないでしょうか？　むしろ、それらの制度や権威こそが性的マイノリティなどの非規範的とされる人たちを虐げてきたのではないか、といった問いを立てることができると思います。

関連して二つめに、七月号の拙稿（本書一八頁以下）にも書いたのですが、そもそもこのようなクィアという語の使い方がはじまったのは、エイズ危機のさなか、ＨＩＶ感染者、同性愛者、セックスワーカー、貧困層、人種的マイノリティ、静脈注射による薬物使用者といった人たちが、社会の周縁で見殺しにされていた時代でした。そのときに起こったのが、とりあえず大きな連帯を、周縁におかれたみんなでつくろうという動きです。これについてリサ・ドゥガンという人は、これも拙稿の中で引用したのですが、「主流の性の規範や、それにもとづいて社会や政治が成立し機能していくこと。そのあり方について共通の異議をもつもの同士でがんばっていこうとする動きである」といったことを述べています。つまり、レズビアンなのでレズビアン運動をするとか、ゲイなのでゲイ運動をするというような「自分が誰か」に依拠して連帯するのではなく、何にたいして怒りや異議申し立てをするのか、「敵が何であるのか」ということをつうじての共闘をめざす動きであると。または先ほど、ＨＩＶ感染者、セックスワーカー、貧困層、人種的マイノリティ、薬物使用者と列挙しましたが、もう少し言えば、単に性的マイノリティ／としてのアイデンティティをもつかどうかという〈だけ〉でないところで、性に関する「正しさ」が、「正しくない」とされる人たちに生きがたさを強いる状況があるなかで互いに共闘できる限りにおいては、異なる者同士であっても連帯していこうと言っているわけです。

ただしそこでは、連帯はあくまで暫定的なものであり、そのなかの人種や階級、心身の状況やジェンダーといった差異も同時にみていこう、という理想がうたわれていました。わたしは、ここはすごく大事な点だと思っています。つまり、集合体をつくっていくさいに、それぞれが別の問題を抱えていることをきちんと認識しようという意識が、運動の当初にあった。そして、何かの言葉やイデオロギーで一括りにすることへの警戒があった。ただ、結局のところ、白人の中産階級でシスジェンダー（出生時に割り当てられた性別と、自らの性自認が一致していること）の健常な男性たち、あるいは主流社会でより多くのリソースをもった人たちが、より大きな声、あるいはそれを聞かれるものにするためのリソースをもち続けている／きたのではないかという反省も繰り返されてきました。

さて、現在の日本の文脈をみていくときにぶつかるのは、同性パートナーシップ制度や企業ダイバーシティといったイシューです。これらの取り組みが不必要だとは必ずしも言い切れないのですが、一方で「ＬＧＢＴという大きな集合体があって、それに属する人たちは同性カップルとして生活できさえすればいいんだ」といったきわめて均質的で単純化された見方が広まっているなという印象を受けることもしばしばあります。行政や企業にたいして訴えるにしても「同性カップルで生きていくのはこんなにもたいへんなので、わたしたちにも権利をください」といった声のほうがより聞かれやすいものになってしまっている。しかし、そのときにどんな規範が温存されていくのか、性的ではない要素で誰が置き去りにされていくのかといった点については、後回しにされているのではないでしょうか。

またここで前提とされているのは、たとえばある程度の学歴があり、心身ともに健康で、福利厚生が充実した企業などに正規雇用者として勤められること。あるいはパートナーと暮らす家を買い、冷蔵庫や洗濯機をそろえ、経済的にも法的にも困らずに暮らしていけることなど、必ずしも性的マイノリティの誰もができること、望むことではないという点に注意が必要です。とくに、カップルで生きていくことを前提としてパートナーシップ制度を構築してしまうと、結婚、一対一のカップル関係や恋愛、金銭の介在を許さないセックスのあり方、家族主義などに内包された規範が手つかずのまま残されてしまいます。さらには、戸籍制度やそれにともなう外国人差別は維持されることになるでしょう。それは逆に言えば、異議申し立てをする者の側から、日本国家の一大差別制度にすり寄っていってしまうということでもあります。こうして維持される制度や規範とともに、旧来的な、キリスト教的倫理観もまた炸裂してくるのではないでしょうか。

　また、ダイバーシティというものじたいが大事であるということは否定できませんが、いま社会で言われているダイバーシティにも同様の問題点があるように感じます。大きな制度や規範は不問のままにし、そこに乗っていく人たちだけに、おこぼれかのような決して同等とは言えない権利を付与する。そういったやり方を正当化し、その不平等性を隠蔽するかのように、ダイバーシティという言葉が使われていると感じることが多々ありますし、そのような批判はすでに多く提出されています。行儀よく、万人に理解されやすいハッピーなイメージを打ち出す声だけが、ダイバーシティというお題目によってどんどん可視化され、「受容」されていく一方で、どのような差別が残されているのか。この点をもうすこし糾弾していくことが大事だなと思っています。

三つめは、わたし自身が最近いろいろ考えていることでもあります。クィアについてごぞんじの方だと、反同化的とか戦闘的、あと公的な場で派手にガンガン運動していくといったイメージをクィアにたいしてもっておられるかもしれません。戦闘的で反同化的であることはたしかに必要なことでしょう。ただ、クィアは「では誰がそうした運動に参加できるのか?」ということも同時に問い続け、反省してきたと思います。さっきも言ったように、性的マイノリティであっても、経済状況や出自、居住地、心身の状況などいろいろな問題を並行して抱えているわけですが、そのなかで、単に自分の性的な非規範性〈だけ〉を前景化して運動していくことは、はたして誰にとって可能なことなのか? またたとえば、クィアという侮蔑語をあえて引き受けるという開き直りは、どんなリソースをもっているからできることなのか? といったような、ある種の「強さ」にたいする問い直しというのもクィアは同時に行なってきました。言わば、性の規範や構造と対峙し、批判や抵抗をしていくときに、異性愛者だから強者、性的マイノリティだから弱者、と固定的にとらえるのではなく、それぞれの立ち位置の状況、文脈、歴史を省みつつ、そのような単純な物の見方がもつ危険性とは何なのか？を問う議論が繰り広げられてきたと言えます。

今日はキリスト教のイベントということですが、キリスト教徒がとても少ない日本では、いわゆるキリスト教国とはちょっと違う状況にあると思います。その一方で、近代的なシステムはやはり日本にも浸透していますし、そこにはキリスト教の価値観が悪い意味で残っていると感じることもたしかです。わたし自身はカトリック信者なのですが、都市部のカトリック教会に行くと、高級な自転車が並んでいたり、とても良い服を着ている人が多かったり、という光景をしばしば目にします。またそのような教会に通う子どもたちの多くは、もちろんすべてではないのですが、やがて私立の学校に進学していきます。それは、教会やミッションスクールに通う人が、ある程度のリソースをもった階層にいる、あるいはそのようなリソースへのアクセスをより多く手にすることのできる「強い」側の人たちであるということを意味しているのかもしれません。

ただ、それでは教会に通う人たちが皆、主流社会でのリソースをより多くもちつつ、規範的な価値観にすり寄って生きているか？と言えば必ずしもそうではない。教会に通うことで搾取や家庭内暴力から、一時でも逃れている人がいることは事実です。また、とりわけ移民・外国人として日本に暮らしている人の場合には、キリスト教の信仰や教会のコミュニティがセーフティネットとして機能していることもありますよね。それから、都市か地方か、あるいはその地域の経済状況によっては、先ほど述べたような高級な教会とは異なった問題にさらされる人たちもいます。もちろんそういった人たちのなかにも性的マイノリティがいて、あるいは性的マイノリティとしてのアイデンティティをもっていなかったとしても、性にまつわる／をとりまく「正しさ」によって生きづらさを抱える／させられた人たちがいて、自分が信仰するところのものに見捨てられていると感じて悲しみや絶望を抱えているかもしれません。

このようなさまざまな事情を考えてみたときに、「キリスト教は本質的にホモフォビックで、トランスフォビックで、女性差別的で、植民地主義なのでダメだ。こんなものいらない」とさらっと単純に言って、それ〈だけ〉で終わってしまっていいのだろうか？と最近疑問に思っています。まさしくそこにはさっき述べたような「強さ」が内包されてしまうのではないか？と。ただ、今日はいまみたいに、キリスト教へのダメ出しの言葉を口にすることができて気持ちがいいのですが（笑）。

ともあれ、キリスト教への怒りの受け皿なり、キリスト教の壊し方なりをいかに築いていけるのかということを今日は考えられればと思っています。

性規範と教会の現実

堀　次に、同じく七月号の寄稿者である堀江有里さんにお話しいただきます。堀江さんの論考では、キリスト教のもっとも抜き差しならない要素の一つである教会に、とくに焦点を当てていただいたと思っています。よろしくお願いします。

堀江　こんにちは。堀江有里と申します。今日は八月三一日ですね……伝説の女性ハードロックバンド、SHOW-YAが一九八五年にメジャー・デビューしてからちょうど三三年になります。SHOW-YA、ごぞんじですか？　いまも現役で活動中です。

会場　（笑）

堀江　それはさておき、自己紹介しておきますと、わたしは牧師になったのち、いったん教会を離れて、社会学の研究者として二〇年近くをあゆんできました。また一九九四年には、ECQA（Ecumenical for Queer Activism, 信仰とセクシュアリティを考えるキリスト者の会）というグループを仲間たちと一緒に京都で立ち上げました。ECQAはいちおう日本ではじめてのセクシュアル・マイノリティをめぐる差別と人権をテーマとしたキリスト教のコミュニティです。

「クィア」については佐々木さんからお話がありましたので、わたしは「クィア神学」について話題提供と問題提起をします。神学というとすこしわかりにくいかもしれないですが、神学は英語で「テオロジー theology」、つまり「神をめぐる言葉やことがら」という意味として考えてみたいと思います。ですので、学問領域のみならず、教会で使われている言葉について検証するという方向性も「クィア神学」としてとらえることができるのではないでしょうか。

クィア神学には二つの方向性があると、わたしは考えています。一つは、「神学」という枠組みのなかにクィアな視点を導入すること。つまり、性規範を問う、性についての〈あたりまえ〉を問うという作業。そしてもう一つは、「神学」をクィアすること。つまり、神学の枠組みじたいを問うという作業です。

一つめですが、クィアな神学が問う性規範とは何か。わたしたちが生きる社会のなかには、二つの性規範があります。一つめの性規範は「性別二元論」です。人間は「女性」と「男性」という性別で構成されているとするモノの考え方です。かつ、後者に利益配分がより多くなされている。つまり、権力関係が介在しているわけです。性別二元論では、二つの性別による構成を前提とするだけではなくて、身体と性自認が一致していることが〈あたりまえ〉とみなされたり、あるいはジェンダー規範が要請する「男らしさ」や「女らしさ」と、自らの性別とが合致したふるまいをすることが期待されたりします。そこから逸脱すると、負のレッテルが貼られる。

もう一つの性規範は「異性愛主義」です。二つにわけへだてられた「男性」と「女性」のカテゴリーのなかにいる人たちがそれぞれ一対一でつがうことを〈あたりまえ〉とするモノの考え方です。

わたしは昨年（二〇一七年）四月から、教会で牧師をしていますが、教会という現場にいるなかでやはり考えさせられるのは、これらの性規範が非常に根深く横たわっているということです。とりわけ、一つのユニットとして必ず家族が措定されている。あるいは、生殖と結びつくものとして特定のセクシュアリティだけが「正しさ」を公認されている。無意識のうちにそのような前提が共有されているので、家族主義や異性愛主義を問題化するのは非常に困難です。

こうした性規範については、社会一般よりもキリスト教のなかでものすごく強固に保たれてきたものではないでしょうか。むしろ、キリスト教が性規範を強化してきた側面があると言ってもよいかもしれません。実際、日本では、キリスト教の人口は一パーセント程度です。すごく少ないのですが、ではキリスト教は社会に影響力をもたないのかというと、そうとも言い切れない。たとえば、学校教育にかんしては、やはり大きな影響力をもっているのではないかと思います。いわゆる「エリート」を育てる機関としてキリスト教主義の中学や高校が多くあるのも事実です。わたし自身も、「明治」期にアメリカ合衆国から派遣されたプロテスタント教会の宣教師団がつくった横浜の中学・高校、つまりミッション・スクールを卒業していますが、キリスト教はそういう場所をつうじて日本社会の性規範を育んできたのではないでしょうか。

また、歴史的にみても、同性愛やセックスワークなどにスティグマを付与してきたのは、ほかならぬキリスト教です。生殖を重要視する、あるいは至上命題とする「家族」形成を奨励し、そのために婚姻制度の外部に位置する性をめぐる関係性に「罪」という汚名を着せてきた。セックスワークも婚姻外の性関係なので、キリスト教がセックスワーカーに「醜業婦」のレッテルを貼り、廃業するようにしむけてきた歴史もあります。性の多様性をめぐっての議論が少しずつ進み、ＬＧＢＴについては人権課題としてとらえようとする人びとのあいだでも、セックスワークについてはまだまだ議論は進んでいません。セックスワーカーにたいするスティグマ付与の歴史をいかに反省するのかということは、キリスト教のなかでも、一つの大きな課題です。そして、婚姻以外の性関係へのスティグマ化、家族規範からの排除という共通点を踏まえると、セックスワークとクィアをめぐるそれぞれの課題をつなげて、実践的に何がしかのかたちで考えていくことができるのではないかと、わたしは思っています。

次に、クィア神学のもう一つの方向性をみていきます。神学の枠組みじたいをクィアする、という視点についてです。性の多様性の現実を踏まえ、より良い教会の、あるいはキリスト教のあり方をめざしていこうとする議論は、先にも触れたように、少しずつ進んできていると思います。しかし、そもそも排除されていた人びとにたいし、包摂の方向性だけをめざすだけで問題は解決するのだろうか。わたしにはそのような疑問があります。最近、現場で痛感しているのは、教会という組織の存立構造のなかに家族主義や異性愛主義という規範が埋め込まれているのではないか、それらの規範を教会という組織は克服しえないのではないか、ということです。「キリスト教批判」は可能であっても、「教会批判」というのは、現実的にはかなり難しい。対話すら難しい。

たとえば「教会とは神の家族である」と言われてきましたが、「家族」的な役割と性別役割分業の象徴的なあり方の一つが、食卓を囲み、食事の準備を女性だけで分担するということだったりします。『福音と世界』の拙稿（本書三二頁以下）でも、自分のいる教会の例について書きました。実際に食事当番が負担だという声があがっても、抜本的な見直しがなされない現状がある。ただ、そうした性別役割分業を問う作業は非常に困難でもある。問うことによって、損なわれていくものもあるからです。問う作業と決定的に相容れないのは、シャドウ・ワーク〔家事や育児など、労働とみなされず賃金が支払われない労働〕を大切にしている人たちの思いです。性別役割分業に問題を感じることなく従事してきた女性たちが、「奉仕」という名のもとに、教会になくてはならない下働きの仕事をしている。その人たちにとって、その仕事に従事することが大切な居場所でもある。あるいは家族のなかでさまざまな問題があって、自分一人だけが教会に行っている場合、そこは家族からの逃避の場であり、「奉仕」が喜びのみなもとになっていたりする。「教会とは希望が語られる場所である」、そう期待して人がやってくるという教会の現実があるわけです。にもかかわらず、そのシャドウ・ワークを取り上げてしまっていいのか。その問いを、わたしはいま現場で突きつけられているところです。問題化してもとりたてて反応はないですし、「ご奉仕は喜んでやっていますので、どうかお気遣いなさらないでくださいね」と笑顔で返ってくるだけなので、「問い」と言っても、誰かと分かち合っているわけでもなく、ずっと孤独に自問しているだけなのですが。

先ほど、教会の存立構造として家族主義や異性愛主義が埋め込まれていると述べました。現に、家族主義や異性愛主義を批判する人たちはやがて教会から出ていってしまう。あるいは距離を置く。そうすると、やはり、性規範を根底から問う作業を、教会の共同行為として行なうことが困難な状況が生まれてきます。教会の現場にいてあらためて思うのは、その現実をどういうふうにほどいていくのかということが、これからの課題だということです。

なお、わたしはいま、教会ではいちおう「クローゼット」で働いています。そうせざるをえないからです。レズビアンだということは、教会のメンバーの多くは知っているとは思います。では、ここで言う「クローゼット」とは何か。性規範をめぐる問いや、自分が「レズビアン」として感じてきたことや重ねてきた言葉を、教会では語らないようにつとめる、ということです。それが教会の根幹を担っている人たちの尊厳を損なうことなのであれば、語れない。教会という共同体を「守る」ことが、牧師としての責務だからです。同時に、わたし自身も、もうこれ以上、傷つく必要はないだろうという選択でもあります。

セックスワーカーとアイデンティティ・ポリティクス

堀　最後に、六月号の寄稿者、要友紀子さんにお話しいただきます。論考ではおもに「労働」という視点から論じていただいたセックスワークは、クィアと、あるいはキリスト教とどのように関連するのでしょう。それでは、よろしくお願いします。

要　セックスワーカーの安全と健康のために活動するグループSWASHの代表をしています、要友紀子です。SWASHはセックスワーカー当事者とサポーターによるグループですが、当事者が中心となって企画運営しながら、二〇年くらい活動を続けています。クィアとセックスワーカーというテーマで今日はトークがあるわけですけども、わたしは、クィアやセクシュアル・マイノリティとセックスワーカーのあいだには違いがあると思っています。具体的に言うと「アイデンティティ・ポリティクスと言われるものは、セックスワーカーにとって必要なのかな、役に立つのかな。迷惑じゃないのかな」ということをずっと悩み続けているんです。というのは、『福音と世界』の原稿（本書四六頁以下）にも書いたように、セックスワーカーには、セックスワーカーとしての解放とセックスワーカーからの解放という二つの方向性があるからです。

調査をしたわけではないのですが、多くのセックスワーカーはセックスワーカーとしての解放よりもセックスワーカーからの解放を望んでいるという仮説に立つとしましょう。実際、セックスワーカーとして社会的に承認を得たり発言したりすることにたいして、ポジティブな試みはセックスワーカー側からはいままであまり出てきていません。

もちろん、セックスワーカーの当事者団体は日本に現在一〇団体くらいあるのですが、それはあくまでもクローズドな集まりで、SWASHのように社会的・政治的に発言することはほぼありません。それよりもほとんどの当事者団体は、より効率的に賢く稼ぐこと、リピーターの客を増やすこと、職業としてよりマシに働けること、現場に役立つスキルや情報を共有すること、それらに主眼を置いていると思います。あるいは、仕事の話をしあえる仲間づくりやピアカウンセリングもニーズはあります。つまり、金銭的、実務的、あるいは精神的に役立つものこそニーズがあるわけです。

そうしたときに、アイデンティティ・ポリティクスは、セックスワーカーのコミュニティにとっていったいどんな役に立つのか、わたしはずっと考えています。もちろん、社会的・政治的に発言するときは、「調査結果によるとセックスワーカーにはこんなニーズがあります。こんなことに困っていて、変えてほしいと思っている人が何パーセントいます」といった言い方はしてきました。ただ、実際にセックスワーカーからの解放を望んでいる人たちは、セックスワークよりも経済的・身体的な余裕があり、性感染症の心配がなく、社会保障や退職金が完備された仕事に就けることを望んでいるでしょう。ですから、フェミニズムやクィアが行なってきたように、セックスワーカーとしてある種の階級闘争を行なうことはできないのではないかとわたしは思っています。

従来、キリスト教系左翼とも言うべき人たちは、さまざまな被差別マイノリティの支援に取り組んできた歴史があると思います。しかしそこで、愛や正義あるいは社会変革といった言葉のもとに行なわれてきたのは一種の階級闘争だったのではないでしょうか。その闘争に際しては、何らかのかたちでマイノリティのアイデンティティ・ポリティクスを利用せざるをえません。セックスワーカーの場合だと「性産業で働く人びとはこの社会の犠牲者で、男の性奴隷である」という言い方をされることが多いです。ですが、セックスワーカーは実際にそのように思って働いているのでしょうか。そうした言い方をする人は、見てきた限りほとんどいない。にもかかわらずセックスワーカーのコミュニティにたいしては、社会の犠牲者だとか男の性奴隷だとかいったようなかたちで、アイデンティティ・ポリティクスの図式が外部から一方的なレッテルとして貼りつけられてきたのではないでしょうか。

あるいは逆に、持ち上げるほうのアイデンティティ・ポリティクスもありますよね。「セックスワーカーは家父長制や性的ヒエラルキーを解体する主体である。国家の身体管理を拒否する人たちである」といった言い方もあります。でも、その言い方は、はたしてセックスワークの現場で働いている人たちから出た言葉なのか。そうではなく、インテリの左翼や研究者、活動家といった人たちが言ってきた言葉だと思います。その点は、同情や憐れみによって見下すときも、持ち上げるときも変わりません。

こう言うと「じゃあ、実際に現場で働いているセックスワーカーは自らのアイデンティティをどうとらえているのか」とよく聞かれます。ですが、自分がなぜセックスワーカーになったのか、自分はなぜセックスワークを選んでいるのか、なぜ、わたしがここにいるのか、そんなことについて正しい理由を誰が言えるでしょうか。たとえば、みなさんが「いまの仕事はなぜしているんですか？　したかったからですか？　お金のためですか？　家族のためですか？」と尋ねられたとしたら、その質問じたいが暴力的に感じられないでしょうか。そういう質問に答えなきゃいけないのか、と思われるはずです。要するに、こんな問いには答えなんてないんですよ。その質問をすることじたいに無理がある。セックスワーカーは、「自分の生存のための依存先としてセックスワークを選んだ理由は何なのか」とよく聞かれます。「何でそんな仕事しているの？」と。ですが、それがお金のためなのか、過去の養育環境のせいなのか、男女不平等な社会のせいなのかは一つに決めようがないし、本人も完璧に説明しようがない。

しかしここで、労働者／資本家など「力のある人／力のない人」という二項対立を用いれば、「セックスワーカーは搾取される人びとである」という図式をつくることができます。だからこそ、「セックスワーカーは救済対象である」といった発想になるわけです。でも実際には、力も金もある資本家のような人たちはセックスワーカーにとって重要な依存先です。セックスワーカーだけではありません。すべての人は、何らかのかたちで資本主義にもセクシズムにも依存しています。それなのにセックスワーカーだけが、資本主義とセクシズムに依存して生きていることをとくに強調するレッテルを貼られてしまう。これによって、声をあげられるだけの力と余裕をもったインテリ、性産業に直接的に依存しなくてもすむ人たちが、「あなたたちはそんなところに依存してかわいそうだね」と、セックスワーカーを同情の目でみるわけです。

ですが、そうした人たちが性産業に介入して、階級の構造を超えたものを創り出せるのかというとそれは無理な話です。アメリカなどでは、ロビン・フッド〔中世イギリスの伝説の義賊。貴族や聖職者から略奪した金品を貧しい人に分配した〕的な相互扶助の運動というものがあります。これは何かというと、たとえば売れっ子のセックスワーカーが金持ちの資本家の客から得た金を、あまり稼げないセックスワーカーや、トランスのセックスワーカーに再分配するんです。あるいは、セックスワーカー自らがセックスワーカー・コミュニティのための銀行や基金をつくって運営していく。ですが、いくらこうした相互扶助の関係をつくろうとも、階級闘争を望む左翼からは「何で敵である資本家と仲良くしてるんだ、なぜ構造と闘わないのか」というようにみられるでしょう。現にある不平等をいかに平等にしていくかが大事なのに、それを実践する現場のオルタナティブも、アッパークラスの左翼からは言わば「資本家と寝た」「安倍（政権）と寝た」かのように、現状肯定とみられてしまう。でも、そうじゃないんですよ、現場の感覚は。いま現在・明日・明後日の個別のケースを解決することと、未来のコミュニティの全体にとっての利益、両方考えるべきなのです。その両者の解決策が矛盾していていいのです。

にもかかわらずこの矛盾が認められないのは、要するに属性でみていることに根本的な問題があると思います。セックスワーカーか、資本家か。金持ちか、貧乏人か。こうした単純な見方です。でも、世のなかはもっと流動的で多様なはずですし、現場で生み出されているオルタナティブに、活動家や救済者の人たちはもっと学んでほしいと思っています。

討　議

アイデンティティの理解をめぐって

堀　ここからは、登壇者の三名による討議に入ります。

先ほどはそれぞれの問題意識や状況に即して発題していただきましたが、キリスト教やその影響下にある価値観への鋭い批判が、そこには通底していたように感じました。その一方で、社会に異議を申し立てるときに直面する困難という点でも、議論の交差するポイントがあるように思います。まずは、お互いの言葉の使い方に焦点をあてて話していければと思うのですが、いかがでしょう。

堀江 そうですね。できるなら、わたしたち三人がこたつに入ってみかんでも食べながらしゃべっているのをみていただくのが、いちばんおもしろいかなとは思うんですが（笑）。季節はずれでもあるので、このまま進めましょう。

休憩時間に、それぞれ言葉の使い方がだいぶ違うかもしれない、という話をしていました。たとえば、セックスワーカーの文脈ではアイデンティティ・ポリティクスは必要なのかという話が要さんからあったと思います。アイデンティティをめぐって考えようとすると、クィアとセクシュアル・マイノリティ、あるいはセックスワークは、まったく接点のないもののようにも思える。どのようにむすびつけて考えていけるのか。

ただ、そこで注目したいのがこの九月に刊行される『セックスワーク・スタディーズ――当事者視点で考える性と労働』（SWASH編、日本評論社）という本です。わたしもまだ目次しかみていないのですが、セクシュアル・マイノリティのアクティビズムとセックスワーカーのアクティビズムが交差する地点が、そこからは浮かび上がってくる気がしています。たとえば、ブブ・ド・ラ・マドレーヌさんが序章で「セックスワークという言葉を獲得するまで——1990年代当事者活動のスケッチ」を書いていますが、そこから察するに、九〇年代は日本のセックスワーカーの人権運動にとって大事な時期だったと言えるのだろうと想像しています。

同時に、九〇年代は同性愛者の市民運動が一気に広がっていった時期でもあります。一例をあげれば、八〇年代終盤には「エイズ予防法案」への反対運動がありました。エイズ予防法が成立したのは一九八九年一月のことです。感染症予防という名目のもと、セックスワーカーとゲイ男性にたいするマイナスのレッテルが貼られていくなかで、両者が共闘できたのかは措くとしても、とにかく法案に抵抗していく運動がありました。また、東京都「府中青年の家」事件〔「動くゲイとレズビアンの会」(アカー)が同施設に宿泊したところ、宿泊していたキリスト教系団体から差別的言動を受け、抗議するも受け入れられず、施設側からは再度の宿泊を断られた事件〕が一九九〇年に起こり、東京都とのあいだで裁判になったのが九一年のことです〔九七年、二審でアカーが全面勝訴した〕。日本において性規範を問うという方向性が同時多発的に明確化されてきたのが九〇年代です。

また、アイデンティティに話を戻すと、クィアは必ずしもアイデンティティを重要視するわけではないけれども、佐々木さんが述べられたように、アイデンティティという概念を無効化したり、完全に手放したりしているわけでもない。わたしは、研究においても、運動においても、名づけを暫定的に引き受けるという意味での「アイデンティティ」にはこだわってもきました。ＳＷＡＳＨの活動のなかで、先ほど要さんが触れられたセックスワーカーのアイデンティティという観点からはどのような議論がされてきたのか、もう少し教えてください。

要　「被差別者としてのアイデンティティを引き受ける」という言い方がありますよね。ですが、あくまでわたしの実感ですが、「被差別者としてのセックスワーカーのアイデンティティを引き受ける」という言い方は、あまりメジャーではないし、違和感があります。それは、セックスワーカーのアイデンティティでは、セクシュアリティというよりも仕事の内容や働き方のほうに重点が置かれているからだと思います。

レジリエンス〔傷ついたときに回復する力〕やエイジェンシー〔ある社会環境に応じて意思決定し行為する力〕についても同じことが言えます。客にサービスを提供し、心を通わせたり、相手に感謝されたりすることで自分に自信をつける人もいるなかで、セックスワーカーの場合にはアイデンティティのとらえ方がセクシュアル・マイノリティの場合とは違ってくるのかもしれません。

ただ、セクシュアル・マイノリティとセックスワーカーが連帯する光景は、世界中でみられるものです。たとえば、セックスワークのことが「女を売る」と形容されることについて、セックスワーカー、とりわけセクシュアル・マイノリティのセックスワーカーは「『女』を『売る』って何やねん」という問いをつねに抱えています。こうした問いをつうじて、両者が連帯する機会が生まれるということはあると思います。

そのうえで、被差別者としてアイデンティティを引き受けてたたかうことへの違和感に話を戻しますが、堀江さんの著書『レズビアン・アイデンティティーズ』（洛北出版、二〇一五年）にも似たことが書いてあったように思います。たとえば、レズビアンの活動家が運動の先頭に立つことで、アイデンティティを一方的に押しつけるなと言ってきたはずが、アイデンティティを自ら引き受けることになってしまうという逆説です。これはセックスワーカーにも共通することでしょう。ですからわたし自身は、差別をめぐってたたかうときに「セックスワーカーとしてのレッテルを貼るな」と言ってきました。「階級闘争の図式をとるのではなく、差別にたいして反対するのなら全部個別例でみろ」と。

堀江　さっきのお話にも出てきたのですが、「階級闘争」というのは「女は女として」グループをつくっていく、「女として」たたかうといったことをイメージされているのでしょうか？

要　そう。でも、「属性ではなくて個別例でみろ」と言うときにすら、被差別者としてのアイデンティティを引き受けざるをえないんです。「セックスワーカー扱いしないで」と言いながら、セックスワーカーとしてたたかわなきゃいけない。それは、すごく相反していてストレスがたまります。

堀江　外から貼られるレッテルと、セックスワーカーとしてたたかうというときに引き受けていくアイデンティティやイメージとのあいだにはズレが生じますよね。たとえば、わたしがレズビアンという名づけを引き受けてたたかうときにも、やっぱりズレがあります。もちろん、セックスワーカーの文脈でのズレとは異なるとは思いますが。レズビアンの場合には、おもには異性愛男性のために異性愛男性によって生産される「性的消費物」としてのポルノグラフィのイメージがある。つまりは過剰に性的な存在としてみなされる。他者から貼りつけられるレッテルです。しかし、レズビアンという名づけを引き受けていく、それを表明していく、という行為は〈存在しないもの〉とされてきたレズビアンが可視化していくための戦略でもあるわけです。その際に表明されるのは、その人自身のあり方、ライフスタイル、ですよね。他者から貼られるレッテルと、自ら選び取っていくラベルのあいだには大きなズレがあるのではないかと、わたしは思っています。『レズビアン・アイデンティティーズ』でも書いたことなのですが。

要　わたしたちのように声をあげる者にたいしては、その声に矛盾がないことやポリティカル・コレクトネス〔政治的な正しさ〕が求められるように思います。でも、実際にはほとんどの人は矛盾を抱えて生きているわけですから、こうした要求は結果的に運動に参加する際のハードルを高めてしまう。「矛盾していたら運動に参加できないのかな」、「矛盾していたらダメなのかな」と思ってしまうんです。ですからわたしは、声をあげて社会的に発言しようとする人にたいして、政治的な正しさや矛盾のなさを求める風潮にはすごく慎重になっています。

堀江　そのあたりは、ウーマンリブ〔一九六〇年代終盤より日本の各地で広まった女性解放運動〕で言われてきたことでもありますよね。たとえば、ウーマンリブの象徴的存在ともなった田中美津さん（著書に『いのちの女たちへ――とり乱しウーマン・リブ論（新版）』（パンドラ、二〇一六年）など）は「かけがえのない、大したことのない私」という表現をしています。「矛盾だらけでいいんだ」というところから開き直っていく、という。男に媚びない女の存在を選び取っていきながらも、しかし、好きな男の前では、従来の社会における〈女らしさ〉のようなものをもってふるまってしまう。田中さんが語っているのは、異性愛者の文脈ですから、「好きな男に嫌われたくない」という欲望がある。でも、それも含めて〈わたし〉という存在をまるごと抱えていこう、という主張かと思います。

クィアとアイデンティティ

佐々木　クィアとアイデンティティということで、思い出すことがあって。以前、ある政治思想研究者の男性から「クィアって、アイデンティティ・ポリティクスの脱構築をするんでしょ」と言われたことがあるんですね。ここには「クィアはアイデンティティを用いない。アイデンティティに依拠したレズビアンやゲイの運動や、女としてたたかうフェミニズムよりも最新で先鋭的なのがクィアである」という前提がありますし、彼にとっては、「クィアのほうが議論が複雑なので、やすやすと攻撃されずにすむ」という腹づもりもあったかもしれません（笑）。いずれにせよ何とまあ都合のいい誤解か、と思ってしまうのですが。

さておき、このような単純化は、残念ながらかなり浸透してしまっていますが、けっしてそんな簡単な話ではないんです。アイデンティティを用いざるをえないシチュエーションはたしかにあるし、それにたいして「アイデンティティを用いるな」と主張するのがクィアだというわけではない。アイデンティティを用いるときに、それがどう収奪されてしまうのか——たとえばレズビアンやゲイ、女といった言葉も男女二元論や異性愛体制があってこそ存在する言葉ですが、それを使うときのリスクとは何であり、そのリスクを回避するにはどのような思想や戦略が練られていくべきなのか？ということを、クィアは丁寧に議論してきました。そのなかで、〇〇〈として〉何かを行なっていくということと、それを成立させている基盤や特権性をつねに省みていくことは、AかBか、そのどちらかを選ぶしかないのだということではなくて、AもBも同時進行でできるということ——そのように一見「矛盾」しているとみなされる営みをいかに両立していくのかという問いが、そこでは強調されてきたと言えます。

繰り返しますが、このような議論が起きた背景には、エイズ危機という出来事があり、周縁に置かれている人たちが、単に同性愛者かどうかという問いではとらえることのできない、さまざまな人びとだったということへの気づきがありました。とはいえ、一つの大きな言葉で括ることや、主流社会の価値観やヒエラルキーを反映してしまうことに警戒しようと言っていたはずなのに、やっぱりよりマジョリティに近い人たちの声を優先させてきてしまったという事実もあって、反省も積み重なっている。しかしながらこのような複雑な議論の積み重なりや、そもそもアイデンティティを使うことでさまざまな矢面に立たされる人がいることなどをさらっと無視して、先ほどの男性研究者のように、クィアとアイデンティティの話を単純化されると、まさしく、どのマイノリティとどのように連帯する／しない／できないのか？ 自分自身や連帯のなかでの矛盾をどのように丁寧にみていくか？ という議論ができなくなってしまうのではないかと思っています。

堀江　日本でダイバーシティが強調されていくなかでも、同じような問題が出てきていますよね。ダイバーシティがうたわれていても、結局その中心になっているのはゲイ男性の富裕層じゃないか、というような。実際のところ、わたしの友だちのゲイ男性は、圧倒的多数が富裕層ではないですけど。

佐々木　ただ、すこし違うと思うのは、日本の場合は規範にすり寄っていくことで注目を集めていく手法がとられがちですよね。一方、米国の初期のクィアの運動では、ドラァグ（かつらやメイクや衣服を過剰に身につけ、性別や人種や階層を示すさまざまな記号を視覚的に強調して提示する手法）に代表されるような、非規範的とされる差異を強調することで、それらの「自然」さに問いを投げかけ、主流側の価値観を攻撃するという戦略がとられてきました。その効果として、アメリカ的・キリスト教的なライフスタイル、つまり、家があって、庭があって、車があって、犬があってといった平和な白人家庭の光景などを異化してみせることもあります。その手法じたいもうすでにメインストリームのカルチャーに吸収されてしまったということにはなっているのですが……。

堀江　犬は「ある」んじゃなくて「いる」でしょう（笑）。

佐々木　いや、「あってある」（神はモーセに言われた、「わたしは、有って有る者」（出エジプト記三章一四節））ものなんですけど（笑）。

ともあれ、そうしてドラァグした人たちがショッピングモールやホワイトハウスなどに行って抗議行動をするときに、白人の男性たちが担い手となるのと、人種的マイノリティでそもそも市民としてまともに扱われていなかったような人たちが担い手になるのとでは、効果が違うという指摘も数多くなされてきました。規範に守られていた人が規範をあえて破ればインパクトがあるけれど、もともと非規範的な存在だとみなされてきたマイノリティがそれをしても、誰も驚かない。つまり、アメリカ社会の規範のなかにそもそもより溶け込んでいる人たちだからこそ、あえて規範の外に出ることもできた。その特権性あるいは「強さ」への批判が蓄積されてきたわけです。

ところで、いまの日本の文脈において、LGBTという言葉のもとでプレゼンスを発揮できるのは、社会の主流に属する側からみて、わかりやすい人たちです。もちろんその人たちは、社会からリソースを得ることを必要としているわけですが、そのために社会に乗っていくことがわりあい容易にできる。規範的なものとの良好な関係性や距離を確保したり、あるいはそれらを、必ずしもフルにではなくとも、ある程度コントロールできる人たちの声が大きくなっていくという点については、もっと警戒が払われるべきなのにと思います。

堀江　そうした人たちのなかには、セックスワーカーは入らないんですよね。主流からはあくまで外されていくものとして存在する。

佐々木　だからわたしは、「お互い同性ではあるものの、一対一のパートナーシップをつくって結婚しました。これからはこの二人のあいだでしかセックスしません。めでたし、めでたし」といったストーリーではダメなんじゃないかと思います。それはまさに、婚姻制度や戸籍制度に乗っかっていくことになりますし、そのようなわかりやすさが再生産されていくなかで、生きがたさがどんどん深まる人たちがいて、しかもそういう話は「非規範的なことをしている人たちが悪い」と、自己責任論で退けられていってしまう。

生存の機会と制度設計

佐々木　ただ、さっき「強さ」という話をしたのですが、婚姻による制度的保障に頼ることで生き延びられるという人もいます。婚姻制度はたしかに邪悪なものではありますが、「じゃあ全部ぶち壊そう！」と言っていいのか？　その主張が帯びてしまう「強さ」とは何で、どのようにそこに気をつけつつ議論していくべきなのか？　と疑問に思ってもいますが、どうでしょうか。

堀江　婚姻制度をめぐって現に不平等な状態があるわけですから、同性カップルにも制度が使える選択肢をつくり、不平等を解消していくことは重要だとも言えますよね。もっとも、わたしは普段そんな主張はしていないですし、婚姻制度が社会的には重要視されているがゆえに、規範が再生産され、婚姻外の性関係は排除されているという点を危惧するわけですが。

ですから、わたし自身は「婚姻制度は解体していこう。同性間のパートナーシップ制度をつくるなんてこともやめよう」と主張してきました。ＥＣＱＡなどの相談業務のなかで、家族や友人関係のようなセーフティネットすらもたず、生活保護を受給して生活している人たちと出会ってきた。まずは個々人の生存の問題を重視すべきであって、「家族」単位での社会設計を考えている場合ではないだろう、とも思ってきました。婚姻制度やパートナーシップ制度などを利用することで「幸せ」に生きられる人もいますが、そもそもパートナーがいないことへのプレッシャーを感じている人たちもいれば、幻想としての家族にこだわる人たちもいる。そのような人たちと出会っていくとき、問題の根深さを痛感します。カップルや家族が「善いもの」であるという規範が強固に存在し、その人自身を「呪縛」していく。そのなかでわたしは、規範にそった生活を育まない人たちとその「呪縛」をほどくためにどうつながっていくかを考えていきたいなと思っています。もっとも、だからこそセックスワーカーとつながろうと言ってしまうと、じゃあセックスワーカーは「不幸」なのかという話になってしまうので、それはそれで問題ではありますが。

佐々木　これまで正当化あるいは聖化されてきたような「家族」とは異なる仕方でセーフティネットをつくっていくというのは、とても大切ですよね。わたし自身もそのような「つながり」によってさまざまに助けてもらってきたと思います。ただ一方で「つながる」と言っていいのかという問いもありますよね。「つながる」にもさまざまな意味やベクトルがありますし、それこそ敵は同じであるが「つながらなくてもいい」という可能性を残しておくことも大切かなと思います。

要　セックスワーカーと制度の関係については、婚姻についてのクィアな視点とは重なる点と重ならない点があると思います。重なる点については、性別二元論のもとで一対一の性関係を正解や基準とする結婚制度は、セックスワーカーにたいするスティグマ化と表裏をなしています。セックスワーカーであることを、不特定多数と金銭を介して性的行為をすることができるセクシュアリティの一つとしてとらえるならば、結婚制度はセクシュアリティの多様性の否定です。

一方で、日本で安定した立場で働くために結婚ビザがほしい外国人セックスワーカー

郵便はがき

料金受取人払郵便

小石川局承認

6313

差出有効期間
2026年9月
30日まで

112-8790

105

東京都文京区関口1－44－4
宗屋関口町ビル6F

株式会社　新教出版社　愛読者係
行

＜お客様へ＞
お買い上げくださり有難うございました。ご意見は今後の出版企画の参考とさせていただきます。
ハガキを送ってくださった方には、年末に、小社特製の「渡辺禎雄版画カレンダー」を贈呈します。個人情報は小社、提携キリスト教書店及びキリスト教文書センター以外は使用いたしません。

●問い合わせ先 ： 新教出版社販売部　tel　03－3260－6148
email : eigyo@shinkyo-pb.com

今回お求め頂いた書籍名

お求め頂いた書店名

お求め頂いた書籍、または小社へのご意見、ご感想

お名前　職業

ご住所　〒

電話

今後、随時小社の出版情報をeメールで送らせて頂きたいと存じますので、
お差し支えなければ下記の欄にご記入下さい。

eメール

図書購入注文書

書　名	定　価	申込部数

や、日本にいる恋人と一緒にいたいと願う外国人のセクシュアル・マイノリティにとっては、結婚制度や同性婚は生き延びる手段です。とくに発展途上国のセックスワーカーの場合だと（途上国に限らずですが）、結婚によって貧困から「一抜け」するチャンスをうかがっています。つまり、あわよくば金持ちをみつけて結婚し、そこから抜け出していきたい。そうすれば、明日からセレブになれたりするわけです。

堀江　ただ、ある人は離脱できても、また新たな人が搾取を受けるケースや、人身売買がかかわるケースもありますよね。そういう意味では、セックスワーカーにはどんなサポートが必要なんでしょうか。世界中のさまざまなグループと連帯しているSWASHの取り組みから、そのあたりのことをご紹介いただけますか？

要　移住労働者のセックスワーカーは人身売買の被害に遭いやすいというイメージがありますよね。ブローカーなどに搾取されている人たちだ、といったような。ただ、そういった面もある一方、差別を受けている人同士のコミュニティは、生き延びるためにそのコミュニティ内で食い合ってしまうんです。

堀江　足の引っぱり合いというか。資源の奪い合いというか。

要　そう。外国籍のセックスワーカーが日本で働くために得ようとする結婚ビザを例にあげると、そのターゲットになる日本人配偶者の男性には序列がつけられます。高学歴で良い会社に勤めている男性ほど、ビザのお礼として高額が支払われます。逆に、たとえば中卒で前科がある男性へのお礼は安くなる。つまり、外国人のセックスワーカーも相手をみて、自分が日本で社会的に安定して働くうえで、どうするのがいいかを判断しているんです。

堀江　お礼が安いというのは、ブローカーに支払うお礼ということですか?

要　ブローカーにたいしてもそうですし、日本人配偶者に直接支払われるビザのお礼の金額も序列化されています。日本人と外国人のあいだでも、外国人同士でも、社会的に弱い立場の者同士が足元をみあっているんです。だからこそ、ホームレスも明日は我が身といったような人が結婚ビザのターゲットになりやすい。

あるいは、外国人を違法で働かせている風俗店の場合だと、本当のオーナーは雲隠れしていて雇われ店長がいたりするんですが、その店長は摘発・逮捕された場合に、刑務所に入っている日数分の手当を支払われるようになっている。セックスワーカーも店のママにうまく取り込まれて加害者側に回るときもあれば、被害者のときもある、そういう法的フレームの問題によって引き起こされ、成り立っているシステムのなかで、サバイブしていかなければいけない世界なんです。

堀江　そうした場合には、婚姻関係はまさに生存のための機会になりますね。

要　本当にそうです。結婚というビザさえ獲得すれば、外国人セックスワーカーは日本に働きに来られるんです。

堀江　かといって、婚姻制度が必要であると言ってしまっていいのかは問題ですよね。大原則としては、婚姻制度に頼らずとも、国籍をもたない人たちが滞在・居住する権利が保障されるような制度を設計すべきだと思います。

要　そのとおりです。生き延びるために結婚ビザに頼らざるをえない人びとにとっては、結婚ビザという制度は国による人身売買と言っても過言ではありません。結婚ビザのために前述のようなサバイブを強いられるからです。最近ようやく外国人労働者の単純労働の受け入れが市民社会の側から言われるようになりましたが、いままでどれだけの血が流れたかと思うと遅すぎです。二〇〇五年、刑法の人身売買罪創設時、人身売買対策という名のもと、外国人セックスワーカーの取り締まりにかかわる国内法整備と水際作戦を後押しした市民運動の人びとはきちんと総括してもらいたいです。

これからのクィア神学

堀江　ところで、クィア神学の議論に戻るのですが、佐々木さんはキリスト教についてどのような立場からうかがってもよろしいですか?

佐々木　わたしの属するカトリックの場合だと、そもそも神がいて、イエスさまがいて、聖霊がいて、マリアさまがいて、神学を勉強した神父さまがいる。要するに、宗教的に「正しい」ものがあるとされている。それはそのままに残されつつ、「あなたも神の子である」というような言い方で性的マイノリティの存在を肯定していくような言説をみると、やっぱり「何なんだ!?」と思ってしまいます。そうした物言いは「あなたはかわいそうな存在だ」という、上から目線を内在させているし、むしろ「弱者」を積極的につくりだしていくもののように思えます。結果として規範側は何も変わることなく安心していられるし、性的マイノリティをそれこそ多様性の一幕にちょっと立たせておいて、「かわいそう、かわいそう」と言っていれば善人としての立場にいることができる。幾重にもおいしい話ですね、って思わざるをえません。

ただ、そのような言説によって、何とかキリスト教会やコミュニティとつながっていけるという性的マイノリティの人たちもいるんですよね。わたし自身はそういう向きとはちょっと意見が合わないし、「つながる」のは難しいなとも思っていますが（笑）、ただ、そういうものがないと生きられない人たちがいるときに、単に「全部いらないよね」と言わずに、どのような批判を、どこに向けて行なうのかという問いも同時にやっていかないといけないのかなと。

堀江　今日は、日本の文脈での「クィア神学」をめぐる話をあまりしなかったのですが、日本でクィア神学を考えていくとはどういうことかというのは火急の問題だと思います。英語圏のクィア理論が民族や人種の問題を重視してきたのと比較して、日本では、抜け落ちているのが、在日外国人であったり、沖縄・琉球やアイヌの人びとの置かれている状況への視点です。

とくに、わたしが所属している日本基督教団は、一九四一年に大政翼賛体制のなかで「宗教団体法」によって成立したという、まさしく戦時下の申し子で、戦争責任を色濃く負っているはずの教派です。そういう文脈のなかで何を考えていくのか、いま問われていると思っています。

ただ、「キリスト教」と「教会」とのあいだには、文脈の違いがあると思います。わたしは「キリスト教」批判をずっとやってきていますが、「教会」を批判するのは相当に難しい。なぜかというと、先にも述べたように、教会そのものが「家族主義」を存立構造としてもっているからです。家族主義なくして、教会という共同体は成り立たないのではないか。共同体を維持するためには人的・経済的資源が必要です。そして、その共同体を「守りたい」と思っている人たち、つまりは文字どおり、教会的な「保守」層がもっとも多く人的・経済的資源を拠出しているのが教会の現状です。その人たちをないがしろにはできない。個別の教会の枠組みを超えた「キリスト教」というところでしか、規範への問いをめぐっては話し合えないのではないか。こういう話をもっと続けていければいいなと思います。

言うこと／言わないこと／生き延びること

要　地方の風俗では都会に比べると、周囲や家族、友人に仕事のことをクローゼットにしている人たちがたくさんいます。それにかんしてわたしは、その人自身の歩幅で、そして無理のない感覚でいることがすごく大事だなって思っています。社会的・政治的な活動をしなくてもいいし、クローゼットかカミングアウトかという二者択一をしなくてもいい。もっともっといろんなあり方があると思うんですよね。

わたし自身も、場所と時と相手によって、自分の紹介の仕方を変えていたりするんです。自分の親にも、当事者性がバレているのかバレていないのかわからない状態で。もし、バレたときは、「うそやで」って言うのかなと思います。

会場　（笑）

要　いや、本当に。仕事のことは、親に言ってないんです。でも一方で、わたしは顔出しして本名でＳＷＡＳＨの活動をしているんです。今度、ＳＷＡＳＨとして『セックスワーク・スタディーズ』も刊行することになっています。それでも、「絶対やってない。

風俗なんかで働いたことはない」って言うつもりです。「支援者としてかかわっているんやで」って、目をみて言おうと思って。

佐々木　わたしも「どうしたらいいのかな」とすごく思っています。わたし自身は、自分のセクシュアリティについて絶対にカミングアウトしないことにしています。それは、「言わない」という仕方での一つの抵抗ですし、「おまえらのわかりやすいようにはしてやらないぞ」という方針です。とはいえもちろん、アイデンティティ用語を使う場面も多々あります。

でも一方で、カトリックの教会と修道会にすごくお世話になった経験があり、そこが自分の故郷のひとつだと思っている身としては、その人たちに自分の話をしっかりできないのがすごくつらいという思いもあります。それはあえて「言わない」という方針ではなく、その方針を決める舵をわたしが安定してもつことができない、「言えない」ということであって、その双方が自分を引き裂く力というものを日々感じています。

ただ、いまのわたしは、勉強したり、いろんな人とつながっていくことで、生きることができています。さっきは「つながる」ことに疑問を呈しましたが、それでも、いろんな人にあちこちでお世話になることでわたしが生きていることはたしかです。さまざまな矛盾が自分をつくっているなかで、逆に、それこそ聖書のように（笑）、「これさえあればだいじょうぶ」と思えるような特別な本や言葉なんて存在しないと思います。だからこそ、「つながり」にしても、言葉にしても、その都度その都度探したり出会い直したり、というのを一生やっていくのかなと思っています。

要　わたしも、ＳＷＡＳＨで活動していることをセックスワーカー当事者に言うかどうかは、時と場合、相手によります。なぜかというと、社会的・文化的なネットワークのあり方が地方と都会では違い過ぎるからです。地方でＳＷＡＳＨのような活動にコミットすることはとてもできないという深刻な状況があります。セックスワーカーの働き方も追いつめられ方も都会とは全然違うんです。そういう環境で働いている人に「セックスワーカーの国際会議があるよ」とか言うのは、空気を読まない行為だと思っているんです。

以前は、そういう情報を伝えることで相手がエンパワメントされると思って、「つながれるよ」とか、「都会に行けば仲間がいっぱいいるよ」と言っていたときもありました。だけど、そんなことをしても相手は引いてしまって、余計に格差を感じるだけです。大切なのは悩みを共有することで、無理にカミングアウトさせたり、地方から都市に引っぱり出したりしなくていいと思っています。

堀江　ときに仲間は大事ですよね。孤立している状態だと、思考のための選択肢もなくなってしまう場合がある。わたし自身は、「レズビアン」と「セックスワーカー」をあくまで一緒にしてはいけないと思っています。性規範からの逸脱というレッテルを貼られるという共通性はあるし、また、レズビアンであり、かつセックスワーカーである人たちもいますから、重なる部分はある。その点をキリスト教の「罪責」の観点から考えていきたいですが、しかし、それぞれの個別の課題もある。だからこそ、仲間性みたいなものの必要性をすべからく他者に適用することはできないとは思っています。

ただ、わたしはレズビアンとして話ができる仲間に会いに行くことを大切にしています。もちろん、レズビアンという属性を共有していなくてもいい。規範を問うことのできる仲間たち、そのような意味でのピア・グループのなかで考えていけることがあると思っているからです。ある先輩牧師が「思想性の共有」という表現をしていました。話し合っていける仲間がほしいとつねづね思っています。わたしはどこかでやっぱり、、、仲間主義なので。ケンカする仲間でもいいから、仲間をみつけることですね。孤立している人たちをつなげていく活動を続けたいです。

II

自己・神・蜂起

天皇のてまえと憲法のかなたで

公共性から自然へとおりていくために

白石嘉治

いい村ですよ、みんな善良なイタリア人でファシストばかりです。
——カルロ・レーヴィ『キリストはエボリで止まった』

現代思想は『悲しき熱帯』からはじまる

天皇と憲法について、現代思想の観点からかんがえてみたい。タイトルはレヴィ＝ストロースの『悲しき熱帯』のつぎのような擱筆《かくひつ》をふまえています。

いまや生にとってかけがえのない離脱のときである。野生人にわかれをつげ、この旅もおわりにしよう！——われわれ人類がミツバチのように整然とはたらくことを、たとえ短いあいだでも中断してみよう。そうすれば、思考のてまえと社会のかなたで、人類がかつてどのようなものであり、そしてどうありつづけるかということの本質を感じとれるはずだ。ひとかけらの鉱物をじっとみつめれば、それがわれわれのつくりだしたどんなものよりも美しいことがわかるだろう。ユリの花芯からただよう香りは、われわれの書物よりもはるかに精妙なものだろう。あるいは、忍耐、穏やかさ、そしてゆるしあう気持ちのこめられたものうげな目配せは、ふとかりあうことができたと感じる一匹のネコとかわされるだろう。(『悲しき熱帯』川田順造訳、中央公論新社、二〇〇一年、第二巻、四二八頁。訳文は適宜変更。)

レヴィ＝ストロースじしんは、おそらく天皇や憲法のあり方に異をとなえたりしないでしょう。彼の「構造主義」とはそういうものです。憲法にもとづく天皇の権威は、現実の社会の権力と対立する。そうした対立の束として世界は構造化されている。文化と自然が対立するように、天皇や憲法は文化ないし文明の所産として、ある意味で自然でもある政治や経済のふるう威力に抗しつつ世界をかたちづくる。天皇や憲法についてたずねられれば、レヴィ＝ストロースはそうこたえたはずです。

ところが『悲しき熱帯』そのものは、引用からもうかがえるように、すこしちがった様相を呈しています。じつのところレヴィ＝ストロースは、失意のなかで『悲しき熱帯』を書きました。執筆時の一九五五年には、もう五〇歳にちかい。当時の五〇歳といえば引退をみすえる年齢です。博士論文を書いても、思うようなポストをえられませんでした。本もたいして売れないし、論文集の出版もことわられる。おまけに二度目の離婚で、人類学の収集品も売りはらわざるをえない状況におちいっていました。

そうした失意のなかで、レヴィ＝ストロースのことばをかりれば「一度だけ気楽にものを書く」ことをやってみる。どうせ今度の本も売れないだろう。タイトルは若いころに構想した小説からとろう。同業の学者たちの目を気にすることもない……。じっさいその「気楽」な書きぶりのせいで、学界の長老からは絶縁されてしまいます。ところが、意外なことに『悲しき熱帯』はおおくの読者をかちえる。それが現代思想のはじまりとなります。

大学のアカデミズムの強度をたもちつつ、広範な読者にむけてうったえる——「現代思想」の言説実践をこう定義するならば、たしかに第二次世界大戦以前にも、そのようなこころみはありました。たとえば一九二九年には、気鋭の大学人たちが横断的に結集して『アナール』誌が発刊されますが、期待していたようには売れませんでした。現代思想の実質的なはじまりは『悲しき熱帯』の成功をまたなければならなかった。時代背景としては、大学的な言説を享受しえる読者層の厚みの形成とともに、なにより植民地の問題をわすれてはならないでしょう。戦後の解放感が退潮していくなかで、あらためて植民地や戦争をもたらす文明のくびきを感じざるをえない。ひとびとの文明そのものにたいする懐疑ないしメランコリーが、レヴィ＝ストロースという碩学の失意と共振したことはたしかだと思われます。

げんに『悲しき熱帯』では「私は旅や冒険家がきらいだ」という書き出しから、憂いをおびた言辞がつぎつぎにくりだされます。かなり読みすすんでもなかなか未開人にであうことができない。植物が繁茂するように、小説的な記述が人類学の知見をおおいつくしています。そして「世界は人類なしにはじまり、人類なしにおわるだろう」という究極ともいえる言明をへて、はじめに引いた「離脱」が説かれる。レヴィ＝ストロースは「野生人」にわかれをつげるだけではありません。文明もまた、労働の「中断」によって宙づりにされなければならない。そうした未開と文明にたいする二重の「離脱」において、われわれは鉱物やユリやネコに感応しつつ「人類」の「本質」にふれることができる。『悲しき熱帯』の旅のはてにみいだされたのは「思考のてまえと社会のかなた」という、あやうい境位において感得される自然の一義的な生成への直感です。

「夜の歌」の徴候を生きる

こうして『悲しき熱帯』からはじまった現代思想には、反文明ないし反国家のロジックとでもよぶべきものがつねに伏在しています。そこには天皇や憲法による統治を許容する余地はありません。たとえば一九六〇年代にレヴィ＝ストロースの研究室にいたピエール・クラストルは、その『国家に抗する社会――政治人類学研究』（渡辺公三訳、水声社、一九八九年）で未開社会の成立を文明の統治にたいする闘いにみてとります。クラストルによれば、未開社会に顕著にみられる平等への志向は、文明がしいる位階にたいする持続的な「離脱」のあらわれです。つまり未開とは文明にあらがって事後的に組織される状態であり、けっして文明以前の残滓ではない。しかも、未開から文明へという図式がたんに逆転されるだけでなく、そうした未開社会の平等からもさらに「離脱」する、クラストルのいうところの「野生人」たちの「夜の歌」がみいだされる。彼らは密林を遊動しながら文明をこばむだけではありません。夜ごと孤独に歌うことで、彼らじしんの小さな集団をもふくめて社会そのもののかなたへとのがれようとします。

「夜の歌」の絶対的な孤独にねざす「離脱」の運動が、国家＝文明の位階に抗する平等を可能にする。クラストルはそれを「われ歌うゆえに、われあり」という印象ぶかい表現で語っていますが、一九七〇年代には、こうした彼の明察をふまえつつ、ドゥルーズ＝ガタリが国家に抗する「戦争機械」という概念をねりあげました。また近年のジェームズ・C・スコットの大著『ゾミア――脱国家の世界史』（佐藤仁監訳、みすず書房、二〇一三年）でも、クラストルのことばをエピグラフにかかげつつ、国家＝文明の統治にまつろうことのない生の諸相が人類史的なひろがりのなかでたどりなおされています。われわれとしては、こうした『悲しき熱帯』以来の現代思想の根底に滞留しつづけているロジックの一端をつまびらかにするために、中井久夫の『分裂病と人類』（東京大学出版会、一九八二年）や『徴候・記憶・外傷』（みすず書房、二〇〇四年）を参照しておきたいと思います。

精神科医である中井は、誠実な医療活動に裏打ちされた治療論で知られています。幅広い教養にもとづくエッセーの愛読者も多いでしょう。そうした多岐にわたる著作の理論的なエッセンスがしめされている『分裂病と人類』や『徴候・記憶・外傷』によれば、統合失調症を生じさせるのは文明そのものにほかなりません。文明による統治――それは社会ないし公共性という概念をつうじて、われわれの日常的な感覚に浸透しているのでしょうが――以前には、人類が生きることは「徴候」を読みとるのにひとしいことでした。空をあおぐ。草木のゆらぎをみてとる。動物の足跡から退却か追尾かをきめる。風のながれ、その湿り気やにおい、遠く近くの音。すべてが読みとられるべき徴候でした。そこでは知覚と想像はぴったりとかさなりあわなければならない。草むらがゆれる。風のそよぎをみてとるのか、獣の気配をみてとるのか。その獣は危害をもたらすのか、あるいはわれわれの滋味となるのか。なんらかの足跡を知覚することは、たった一度しかない状況のもとで、その足跡をのこした動物を想像することと一体であるはずの影形あいともなうものでした。

ところが文明の到来とともに、徴候における知覚と想像のむすびつきは切りはなされてしまいます。文明が国家とほぼ同義であるとすれば、それはかならず単一穀物の組織的な耕作の強制とともにあります。採集や狩猟を生計とするかぎり、国家的なものの発生は抑止されるでしょう。手にはいる雑多な食物はくさりやすく、それらはとりたてたり、たくわえたりするのには不向きです。国家にとって必須の徴税のためには、運搬や蓄積が容易な穀物を耕作させなければならない。そしてそうした穀物の強制的な耕作のもとでは、徴候の読解は限定されたものとなります。もちろん耕作する穀物の状態は注意ぶかく知覚されなければならない。だが、それは一定の枠組みにそっておこなわざるをえない。知覚にともなう想像は、おのずと収穫にむけての予測にきりつめられる。かつての徴候の読解においてはたらいていた想像のほとんどは無用のものとなります。

古代の文明が一般にカミによる統治ないし公共性の実現というかたちをとるのも、そこでの組織的な穀物の生産が知覚のコントロールなしにはありえないからです。無用となった想像は放置されるのではありません。知覚から遊離した想像は、統治の正統性を語る神話として文明に飼いならされ、そこにおさまらない想像はたんなる妄想となります。そして神話による表象化を迂回することなく、かつてのように徴候において知覚と想像を直接にむすびつけるいとなみは狂気とみなされます。知覚は存在にたいしてはたらき、想像は不在にたいしてはたらく。これが文明による統治にとっての正常な認知のあり方です。それにたいして徴候のなかで知覚と想像をかさねあわせることは、存在と不在、可視と不可視、あるいは現実と理想のしきいをとりはらうことです。それは文明からすれば狂気そのものです。

中井にとっての統合失調症とは、文明以前には優勢だった徴候的な空間や時間を生きつづける「分裂病親和者」が、文明以後の統治や公共性のもとで生じる失調のあらわれです。もちろん、こうした見解の妥当性について医学的に吟味をすることはできません。とはいえ、中井が「分裂病親和者」の徴候的な認知をレヴィ＝ストロースの語る「野生の思考」とむすびつけていることは注目すべきでしょう（『分裂病と人類』）。さらに「詩」については「言語の徴候優位的使用によってつくられるもの」といわれます（『徴候・記憶・外傷』)。われわれにとっては、『悲しき熱帯』で語られる「思考のてまえと社会のかなた」ではたらく「中断」も徴候的であるといえるでしょうし、クラストルの語る「夜の歌」もおなじ「言語の徴候優位的使用」であるとつけくわえることができるはずです。

くりかえしますが、文明がもたらす国家の位階をともなう統治に抗するには、みずからの社会を平等に組織するだけでは不十分でした。だれにも隷従したくないからこそ、平等をもとめるのであって、けっしてその逆ではありません。国家の不平等と闘うには「夜の歌」の絶対的な「離脱」がなければならない。「離脱」は二重でなければならない。そこでは知覚と想像のしきいはとりはらわれます。じっさいの「未開人」たちの「夜の歌」は、たんにみずからを言祝《ことほ》ぐだけのばあいも多かったようですが、それも可視的な現実が不可視の理想と孤独のなかでかさなりあう結果ともいえるはずです。同様に、文明と未開社会との二重の「わかれ」をつげるレヴィ＝ストロースにとっても、ことばは学問的であるよりも「小説」のように「徴候優位的」だったのでしょうし、そこでは鉱物や草木はより精妙に感じとられたのでしょう。「夜の歌」の徴候を生きることは、文明がしいる思考や社会を「中断」して自然への直感へとたちもどることにほかなりません。

文明はわれわれにたいする統治にすぎません。古代の文明はカミを中心にその統治を組織しました。その後のヒトを中心とする統治が近代とよびならわされる。そして、近年のアントロポセーヌ（人新世）をめぐる議論でも強調されるように、産業革命以後、われわれはモノによる統治のもとにある。古代のカミによる統治は、われわれを神殿や墳墓の建設に動員しました。近代の君主制のもとでは、宗教的な統治は主権概念の創出によってのりこえられますが、やはりヒトである君主のために壮麗な宮殿がたてられます。あたかも文明とは、巨大な建築への奇妙な意志であるかのようです。じっさい、われわれが生きるモノの統治においても、やはり文明の巨大建築への意志はやむことはありません。都市の高層ビルやインフラについてはいうまでもないでしょうが、モノによる統治の究極のあらわれともいえる原発もまた、ごく端的におおがかりな建築物であることには注意をはらうべきです。

＊

おそらく原発は現代の神殿であり宮殿であるのでしょう。ただし、そこに住まうのはカミでもヒトでもありません。アントロポセーヌのモノによる統治にふさわしく、核燃料が支配者としてふるまっている。だが、原発は爆発してしまった。それはモノによる統治の破綻としてうけとめなければならない。そして、この破綻のあらわれから、すくなくともふたつの態度の決定がかんがえられます。第一に、あくまで文明の枠内にとどまるという態度がありえます。このばあいには、モノによる統治の危機にたいして、かつてのカミやヒトによる統治がよびおこされる。天皇がカミによる統治に、憲法がヒトによる統治にそれぞれ対応するのでしょう。もちろん、かつてのような天皇の神権は想定されていないはずです。あらたによびおこされる天皇のカミによる統治は、その儀礼や各地への巡行によってしめされる想像的ないし「象徴」的なものにすぎない。だが、それは言語行為論的な観点からいえば、行為遂行的《パフォーマティヴ》なものであり、憲法という約束を実現するものです。行為の遂行によって約束が意味をもつように、あるいは行政によって法が実現されるように、行為遂行的な天皇によって規範としての約束にすぎない憲法が実質的にささえられるという事態をまねきかねない。このことは憲法の規範性が天皇のありように依存することを意味します。すくなくとも理論的には、憲法が天皇を拘束する保証はありません。しかも天皇にせよ憲法にせよ、かつての統治のあり方に固執することで、今日のモノによる統治は放置される。それはあからさまなほころびをしめしながらも作動しつづけます。

われわれはむしろ文明による統治そのものからぬけださなければならない。これが第二の態度の決定です。もう天皇や憲法にすがってもしょうがないのではないか？　カミ、ヒト、モノと、統治はより身近なものをつうじて精度をあげてきたのでしょうが、その先はもうないのではないか？　そういう段階にあるのではないか？　あるいは「段階」ということばに違和感があるならば、ごく端的にいって、国家や文明の統治や公共性にしたがうだけでは生まれてきたかいがないのではないか？　『悲しき熱帯』を起点とする現代思想のパースペクティヴのなかでは、こうかんがえることはじゅうぶんに支持しえるように思われます。

かつてひとびとはレヴィ＝ストロースとともに「思考のてまえと社会のかなた」に思いをめぐらしました。文明以前から文明以後へと、天皇以前から憲法以後へとまなざしをふりむけること。われわれが目配せをかわすのは、巡行する天皇やその家族ではなく、街角でふとであうネコであってもいいはずです。もちろん始原の状態にもどることはできませんが、さいごに石牟礼道子が徴候に生きる「形見」の思想を語ったことを想いおこしておくのもむだではないでしょう（『形見の声――母層としての風土』筑摩書房、一九九六年）。水俣の闘い――それは文明との闘いであり、またチッソの社長が現皇太子妃の母方の祖父であったことも忘れてはならないでしょう――では、生者と死者、存在と不在、そしておそらくは知覚と想像がわかちがたくむすびついていました。しかも、石牟礼とともにあった渡辺京二は「離群」の契機なしに水俣の闘いはなかったという（『なぜいま人類史か』洋泉社、二〇〇七年）。「離群」の絶対的な孤独のなかで歌われたのは「夜の歌」だったのでしょう。問われているのは公共性ではありません。公共性から自然へとおりていかなければならない。天皇にせよ憲法にせよ、文明の「中断」からたちあらわれる自然との二重写しのなかでとらえかえすこと。小説的な「離脱」のなかで、「夜の歌」を歌うこと。そしてそうした徴候を生きつつ、あらゆる統治の先触れをふりはらうこと。それがモノによる統治の廃墟にたたずむわれわれが踏みだすべき「天皇のてまえと憲法のかなた」へのあゆみのはじまりであるはずです。

キリスト抹殺論

ナザレのイエスはアナキスト

栗原康

アーメン、わたしは言う、
天皇制は抹殺しなければならない

アーメン、アーメン、アーメーーーン!!! もっとゼニがほしい、いかした女がほしい。でっかい家がほしい、ほしい、ほしいものは山ほどある。だれにワビいれることねえけど、コビへつらうことだけはするなよ、人間になりてえ、もっと人間になりてえ、人間になりてえ、もっと人間になりてえ。ハイッ、てなわけで、今回のテーマは「キリスト抹殺論」でございます。あっ、誤解のないように。おいらのことばじゃないよ。むかしのアナキスト、幸徳秋水の著作のタイトルなんだ。

いや、すげえなっておもうのは、この幸徳さん、一九一〇年に大逆事件ってのがあって、天皇を爆弾でふっとばそうとして、パクられて、翌年一月には処刑されてしまうんだけど、刑務所にはいっているあいだに、なにをやっていたのかというと、一冊の本をかきあげるんだ。それが『基督抹殺論』。死ぬ直前に、ひたすらキリストをヤレ、ヤレ、ヤッチマエってかいてるんだよね。まちがいない、狂ってるぜ。

まあまあ、そうはいってもやろうとしていることは、はっきりしていてね。既存の道徳をぜんぶブチこわしてやるぜってことでもあるし、日本だと、その根っこにある天皇制をたたきこわそうとしていたんだ。ほら、当時は直球じゃ、天皇制批判ができないからね、キリスト教の教会の権威にかさねて、やろうとしていたんだ。この本のさいごに、幸徳はこんなふうにかいている。

ゆえに私は、以下の宣言をもって筆を措くことにしよう。すなわち、基督教徒が基督を史的人物とみなし、その伝記を史的事実と信じているのは、迷妄である、虚偽なのだ。迷妄は進歩を妨げ、虚偽は世の中の道義を害する。断じてこれを許すわけにはいかない。その仮面を奪い去り、粉飾の化粧を剥ぎ落して、真相実体を暴露し、これを世界から抹殺し去ることを宣言する。(1)

これ、日本のことでいうと、古来より天皇は現人神でした、その赤子である臣民は天皇がまもってくれたから生きてこられたんです、天皇のおかげでいまがあるんですよ、だから、天皇のいうことにしたがうのはあたりまえなんですよ、「自然」なことなんですよっていわれていたわけだ。まあ、いわれていたってよりも、いまでも「陛下」っていわれて敬称がつかわれているくらいだから、えらいっておもわれてるのはかわんないかな。でね、そういうのを学校教育なんかをつうじて、ちっちゃいころからいわれつづけていると、なんかほんとうにそうだとおもえてきてしまう。

ああ、オレたちは生まれるまえから天皇に恩恵をこうむっているんだ、そりゃ返さなくちゃいけないよなって。しかもやっかいなのは、そういう貸し借りの発想って、すぐに道徳になっちまうもんでね。借りたものは返せ、それがひととしての常識だ。だから、借りたものを返さないやつは非人間的なんだよ、非国民なんだよ。もし天皇に戦争にいけっていわれているのに、イヤがるやつがいたら、そいつは非国民だからねって。

もちろんこれ、ウソッパチなんだよ。ほんとは天皇なんて、古代国家のさいしょの支配者だってだけだからね。なんかやたら武装した連中が、のびのびくらしていた部族をおそって、ホリョにして、奴隷にして、自分たちのために農耕とかをさせて税をみつがせる。で、さんざんそういうことをやっておいて、いうのは、おまえらはオレたちがまもってやっているから生きていられるんだ、だから税をおさめるのはあたりまえなんだってね。いってみりゃ、天皇制ってのは、日本最初の暴力団みたいなもんなんだ。

でも、ほんとはそうなのに、神話だのなんだのをもちだして、いやいや、天皇陛下は神だから、ここまでみんなを導くことができたんですよ、いまこうしてはたらけているのは、陛下のおかげなんですよとかっていうわけさ。ウソッパチ。しかもね、おっかねえのは、こういう支配が「自然」っていわれちまうと、ほかもぜんぶスッてとおっちまうってことだ。夫が食わしてやっているんだから、妻が夫にしたがうのはあたりまえだとか、社長が食わしてやってんだから、ビンボーな労働者はなにをいわれてもしたがうのはあたりまえだとかね。幸徳たちは、そんなのふざけんじゃねえぞ、みんなの目をさまさせてやれっておもっていたんだけど、つかまっちまった。

で、さいごのさいごにやったわけさ。神みたいにあがめられているやつも、ちゃんとしらべてみたら、ほんとは神なんかじゃなくて、ただのヤクザかもしんねえぞ、そのウソをあばいてやれ、神話の根拠をブチこわしてやれ、その正当性を根こそぎうばいとってやれってね。ちなみにいっておくと、そうやって「支配のない状態」をつくりだしていくのがアナキズムだ。たえず、そういう支配の「根拠」をブチこわしつづけてやれってね。アーメン、わたしは言う、天皇制は抹殺しなければならない。

そんなわけで、幸徳は、直接、天皇制を論じることはできないけど、おなじことをキリスト教でやってみましょうと。でもね、おもしろいなっておもったのは、じゃあ、自分でもイエスについてしらべてみようとおもって、田川建三の『イエスという男』とか『新約聖書 訳と註』（どちらも作品社）とかをよんでみたら、意外やいがい、真逆なんだよね。イエスがやろうとしていたことって、幸徳がやろうとしていたこととおんなじなんだ。それまであたりまえだっていわれていた支配をどうやってブチこわすことができるのか、どうやって現にあるものを破壊することができるのか、それだけを考えていたんだ。なので、こっからはちょっとそのあたりのことを紹介してみたいとおもう。

アーメン、わたしは言う、
われわれの任務は、現にあるものをブチこわすことなのでございます

イエスはどんなことをやったひとなのか。かれは紀元前四年にうまれたとも、前七年にうまれたともいわれているんだけど、このころかれのいたガリラヤのナザレってとこは、ローマの支配下にあった。で、派遣されてきた総督が町をしきっていたんだけど、なんかね、支配はされているんだけど、そんなかでもカネもちどもはローマとつるんで、さらにさらに肥えふとっていた。

そんでもって、そいつらをささえていたのが、ユダヤ教の祭司たちで、メッチャいばりくさっていたわけさ。みなさん、戒律をまもりましょう、われわれが説くすばらしいおしえのおかげで、こんなに安心してくらしていられるんですよ、じゃあ、そのお礼として、おカネもたんまり上納してもらいましょうかってね。で、巨大建築とかをつくって、そこでいろいろ捧げものとかをしてもらって、いいくらしをしていた。

でね、イエスはまずしい大工の子だったんだけど、ヨハネっておっさんから洗礼をうけて、いろんなことをまなんでいく。じゃあ、なにをしたのかというと、ユダヤ教の権威にケンカをふっかけていくんだ。だってさ、植民地支配されているなかで、おまえらハネあがったことすんじゃねえぞ、盗むな、殺すな、法を犯すなっていうのは、だまって支配者にしたがってろってことだからね。そりゃムカつくさ。そんじゃあ、どうやってかというと、イエスはことばのつかいかたから、ユダヤ教の権威をブチこわしにいくんだ。かれはなにかしゃべるとき、「アーメン、わたしは言う、金持ちは神の国にはいけない」っていっていた。これね、さいしょに、アーメンっていっているんだ。

当時、ユダヤ教では、祭司が聴衆にむかってなにか説教したあと、さいごにアーメンってつけていた。「汝、姦淫を犯すことなかれ、アーメン！」みたいにね。祭司がそういうと、きいていたひとたちがみんなで「アーメン！」って合唱する。じつは、このアーメンってのは、尊いおしえにたいして、「もっともでございます」っていう意味でね、だから祭司が「このおしえはすばらしいだろう、したがいますか?」っていって、みんなで「ハハアッ!」ていうのがアーメンだったんだ。でもさ、イエスは聴衆にむかってなにかをいうとき、これをさいしょにもってきちゃうんだよね。アーメン、アーメン、アーメーーーンッ!!!てね。だれもなにもいってないのに、ごもっとも!ごもっとも!ごもっとも〜〜!ってさけんでるんだ。オチョくっているとしかおもえない。てゆうか、オチョくってるんだ。テメエらのいうことになんかしたがわねえぞ。あらゆる支配にファックユーってね。いやあ、当時のヤンチャな子たちにとっちゃ、たまんなかったにちがいない。

しかもね、わかいとりまきができると、またイエスはやらかしていく。これはある安息日のこと。どうもユダヤ教だと、安息日ってのはなにもしちゃいけないってことになっていてね。みんなボーッとしてすごしているんだけど、ようするに市場とかもやっていないから、食うもんがないわけさ。腹ペコだい。じゃあじゃあってことで、イエスたちは麦畑にでかけていく。うん、なにをするんだ?と、ユダヤ教徒たちがみていると、イエスの弟子たちはとつぜん麦の穂をバシバシッてつかんで、バクバクバクッて食いはじめるんだ。アアッ!!! びっくらこいたユダヤ教徒たち、イエスにつめよって、なにやってんだテメエっていうと、イエスたちはうるせえ、こちとら腹がへってんだよ、なにが戒律だ、このやろう、ファック、ファアック、ファーーークッ！ていうんだよね。サイコーさ〜〜〜！

これでもものたりないイエスさん。ある日、ユダヤ教徒の宮殿みたいなとこにでかけていった。すると、商人たちが屋台をだして、いろいろ売り物をしているんだよね。そんでもって、その売り上げを祭司たちへの上納金にいたしましょうと。それをみたイエスさん、ブチきれちまってね。アアッ、アアアァァアッ、この市場のハエどもがァ〜〜〜ッ!!!てさけびながら、商人の屋台をなぎたおしていった。マジヤベエ！まあ、そのあとボコボコにされてつまみだされたんだろうけどね。でも、そうやって、テメエらの権威になんかしたがわねえぞってのを体をはってしめしていたんだ。

だけどさ、たぶんいろいろまわりからディスられたんだとおもうんだよね。イエスさん、そんなことといっていたら、金持ちにきらわれちゃいますよ、そしたらみんなカネがもらえなくて、食っていけなくなっちまいますよって。でも、イエスはめげない。こうきりかえすんだ。「はたらかないで、たらふく食べたい」。定職についていて、一日一〇時間はたらいたやつも、日雇いで三時間はたらいたやつも、仕事にあぶれて一日中ブラブラしていたやつも、ちがいはねえぞ。全員におなじだけカネをよこせ。カネだ、カネだよ、カネ、カネ、カネだァ、とっととよこしやがれってね。カネもちがえらそうに、賃金でひとに序列をつけてんじゃねえぞ、どうせいつも貧乏人をコキつかってんだから、ガタガタいわずに、カネくれってやつに、食えるぶんだけよこしゃいいんだよってね。いやあ、いいことをいう。ホレちまうよ、イエスさま〜〜〜!

もちろん、そんなことをいっていたら、マジで仕事にあぶれちまったりするわけさ。でも、それでもイエスはめげない。こういうんだ。「貧しきは幸いなり」。これ、貧しさにたえて、シコシコはたらけっていってんじゃないよ。そうじゃなくて、貧乏上等、カネになんかふりまわされないで、好き勝手に生きろっていってるんだ。カネがなけりゃ、山もある、川もあるじゃんって。イエスの師匠はさっきもいったヨハネっておっさんなんだけど、じつはね、かれはまったくはたらかずに、ひたすらイナゴを食って生きていた。お腹いっぱい、〇円生活だァ。だからイエスからしたら、それでもいけんじゃんってはなしなんだよね。チョビッと視野をひろげてみれば、いくらでも生きていく道なんてある。アーメン、わたしは言う、腐った労働はいますぐにやめろ。みんなヨハネだよ、イエ〜ス!

でもね、それでも、いやいや、イエスさん、ちょっとムリっすよって人たちもいたんだ。うちら、地主さまのおかげで生きていられるんですわ、めっちゃめんどうをみていただいているんですわ、いろいろ借金もしていますしね、これでバックレたらひとの道に反するでしょうと。だけど、だ。イエスはしたり顔でこういうんだ。「借りたものは返せない」。ドヒャア！　そもそも人間は神に負債をおっている、空気を吸わせていただいたり、雨から水をいただいたり、太陽の光をあびさせていただいたりね。こんなのもう返せない。ああ、神さま、ああ、ありがたや。でも、そのご恩を返すことなんてできない。ああ、おゆるしをっていって、ゆるさない神がいるだろうか、てゆうかもうゆるしてんだよ。だったらだ。神が負債なんて返さなくていいっていってんのに、なんで人間が返せ、返せっていってんだ。借りたものは返せない、いや、まだまだたりねえ。ツケにつぐツケ、そしてさらなるツケだァ、よこせ！

だいたい、ひとってのはカネにかぎらず、そのつど他人の世話になって生きているわけだろう。それをいちいち返せ、返せっていっていたら、キリがない、とゆうか、だいじな信頼関係なんてきずけない。そうだろう？　だって、きのうちの鍋を貸してやったから、きょうはキッチリ、そのツケをはらえよ、したがえよなんていっていたら、そんなやつには不信感しかもたないよね。むしろもっと貸したい、もっと貸したい、どうか、どうか、いやあわるいね、ありがとさんってやっていくうちに、友情がはぐくまれるんだ。だから、イエスにいわせりゃ、こうなんだとおもう。借りたものは返せない。

ツケにつぐツケ、そしてさらなるツケだァ、よこせ！　これが真の道徳だァってね。イエ〜〜ス！

しかも、イエスってのはなかなかの知恵者でね。じゃあ、負債を返さないんならってことで、農民のなかには、地主から借りている土地をうばいとりましょう、だれか派遣されてきたら一人ひとり抹殺していきましょう、一揆だァってやつもいたのだが、イエスはそれじゃダメだっていうんだ。相手とガチでやりあうと、より強力な軍隊が送られてきて、みな殺しにされてしまう。かりに勝ったとしても、こっちが軍隊をつくって主人みたいになっちまう、それでまたより弱いやつらを虐げたら意味がないでしょうと。主人みたいなクソになっちゃいけない。そうなるくらいだったら、奴隷のほうがまだマシだ。てゆうか、バックレちまえよってね。かりに借金が気になるんだったら、夜な夜な地主の家にしのびこんで、帳簿をかきかえちゃえばいい。五〇〇万の借金があるんなら、いきなり〇円にするとバレるから、三八〇万円とかちょっとずつね。忍法じゃァ！

やべえ、字数がなくなってきたんで、このくらいにしておこう。でも、これだけでもイエスがやろうとしていたことがみえるんじゃないだろうか。いま「自然」だっていわれている支配を破壊していく。しかも、支配者とおなじ土俵でやりあうんじゃない、それだと勝つために支配者みたいになっちまう。そうじゃなくて、いまこの場にいながらにして、まったく別次元の生をいきるんだ。借りたものは返せない。ツケにつぐツケ、そしてさらなるツケだァ、よこせ！　そろそろ、自分のやったことに見返りをもとめ、他人に負い目をせおわせて、支配しようとするのはもうやめよう。ご恩も負い目もどうでもいいね。だれにもなんにもしばられずに、無償の生をいきていきたい。どうやって？　どうやって？　イエスは、たえずそういうことを問いかけていたひとなんじゃないかとおもう。アーメン、わたしは言う、われわれの任務は、現にあるものをブチこわすことなのでございます。

わたくしはイエスなのでございます！

アーメン、アーメン、アーメーーーン!!!　そいじゃ、まとめにいたしましょう。さいしょの大逆事件のはなしにもどすと、幸徳の恋人に管野スガってひとがいてね、このひともいっしょに処刑されたんだけど、かの女は敬虔なクリスチャンだったんだ。でね、かの女は死ぬまえにこんなことをかいていた。わたしはいまイエスとおなじ受難をあじわっているんです、わたしが死んでも、かならずや後世の人たちがたちあがって、天皇制を駆逐してくれるでしょう、わたくしはイエスなのでございます！ってね。いやあ、すげえカップルだ、狂ってるぜ！

まあまあ、幸徳にしても管野にしてもいいたかったのは、こういうことだ。あらゆる支配にファックユー。天皇制はクソくらえ。明治のあとに大正はねえ、大正のあとに昭和はねえ、昭和のあとに平成はねえ。そのあとはだって？　クソくらえだァ、みんな鬼に喰われちまえだァ！　はたらかないで、たらふく食べたい。借りたものは返せない。ツケにつぐツケ、そしてさらなるツケだァ、よこせ！　もっとゼニがほしい、いかした女がほしい。でっかい家がほしい、ほしいものは山ほどある。だれにワビいれることねえけど、コビへつらうことだけはするなよ、人間になりてえ、もっと人間になりてえ、人間になりてえ、もっと人間になりてえ。ナザレのイエスはアナキスト。キリスト抹殺論。わたくしはイエスなのでございます。アーメン！

注

（1）幸徳秋水『現代語訳　幸徳秋水の基督抹殺論』（佐藤雅彦訳、鹿砦社、二〇一二年）一八二頁。

「いまだ分離されていない世界」を求めて

キリスト教アナキズムについて

五井健太郎

忘れられたそのつながり

退屈するのは承知のうえで、戯画を描くところからはじめてみよう。キリスト教といえば、神を頂点としその下に無数の天使がつづき、地上に降りてきても教皇をトップに、むやみにこまかい階梯がある、つまり垂直性をその原理とする組織である。一方でアナキズムといえば、〈無政府主義〉の訳語のとおり、それがどのようなものであれ、上からじぶんたちを導くような統治＝政府などいらないと主張する者たちの運動であり、独立した個人間の平等な関係を志向する、その意味で水平性をその原理とする運動である。一方は厳然として縦、もう一方はあたうかぎり横、そのふたつは、組織の原理のレヴェルで正反対なのであって、いわば敵どうしなのだ。じっさいアナキズムは、そのスローガンのひとつとして掲げていたはずである、〈神もなく、主人もなく〉と。[1]

いうまでもなく、こうした把握はとても当たっているとはいえない。それについては、レフ・トルストイの名を挙げるだけで十分だろう。この大作家が提唱したいわゆる〈平和主義アナキズム〉は、ほかでもなくキリスト教の信仰にふかく根ざしたものだったのであり、ふたつのあいだの結びつきは、単純に、歴史的な事実として確認できるものなのだ。[2] とはいえ、トルストイも古本屋の百円棚の常連になって久しく、日本の多くの初期社会主義者たちを惹きつけたその結びつきが具体的にどのようなものだったのか、いまではもうすっかり忘れられているのもまた事実だろう。だからこそ先に示したような雑な把握が、いつまでもくりかえされることになってしまうわけだ。

もちろん運動としての両者の広がりを考えれば、そうした忘却の外で、草の根的な実践をとおして、いまもそのふたつが手をとりあっていることは想像にかたくない。だがそれにしても。たとえばまだアナキストを自認する前の大杉栄は、「その注がれる水のよく浸みこむようにと思って」、わざわざ頭を丸めてまで洗礼を受けに走ったのだという。[3] 日露戦争にたいする教会関係者の好戦的な態度を見てすぐに絶縁しているとはいえ、キリスト教について知ったときに大杉が直感したものとはなんだったのか、やがて稀有なアナキストとなる一七歳の若者は、いったいそのとき、なにに惹きつけられていたというのか、そうしたことが忘れさられたままであるのは、やはりあまりにも、もったいないと思うのだ。

そこで以下では、両者のあいだにあったはずの動的なつながりをふたたびとりもどすための端緒として、歴史上に見られてきたエピソードというレヴェルを超え、キリスト教とアナキズムというふたつの、その本質的な近さとはいったいどのようなものなのか、あらためて確認してみることにしたい。

「いまだ分離されていない世界」のなかで

冒頭においた戯画をあらためて思いだそう。アナキズムとは〈無政府主義〉であり、独立した個人間の平等な関係を志向する運動、つまり水平性をその原理とする運動である。そしてだからこそそれは、垂直的な組織にほかならないキリスト教とは対立することになる。かならずしもそのすべてが誤っているとはいえないからこそ、誤解としてひじょうに安定しているとでもいえそうなこうした把握を前にして、まずはなにからいうべきか。ここで参照してみたいのは、アナキズムの歴史家であり哲学者のダニエル・コルソンによる、『アナキズム哲学小辞典』だ。一見して場違いにも見える哲学辞典という形式で、ふたたびアナキズムの歴史を語りなおそうとする同書のなかには、「キリスト教アナキズム」と題された項が見つかる。

目下そのふたつを取りかこんでいる通念は、「政治的なものであったりイデオロギー的なものであったりする対立や反感」に由来する、「陣取り合戦的で、大雑把で表面的な分類」によるものでしかなく、したがってその対立も、「うわべだけのものにすぎない」。冒頭からそう断言したうえで著者は、このふたつの関係について考えるさいなによりもまず先に見るべきものとして、アナキズムがその歴史のなかで培ってきた、「**構成されたもの**としての**集合的諸力**」についての理論へと参照をうながす[4]。ではいったいその理論とは、どのようなものだったか。一九世紀末から二〇世紀初頭にかけて活躍したアナルコ・サンディカリストであるエミール・プージェが、デモなど、示威や請願を目的とした間接的な行動とは異なる、占拠や破壊といった実力行使による抗議の形式である、いわゆる「直接行動 action direct」について述べるなかで語った、「力はあらゆる運動、あらゆる行動の根源である」ということばを引きつつ、著者はそれを、以下のようにまとめている。

アナキズムにとって、人間存在や人間性は、彼らを取りかこみ横断する現実とははっきりと区別されるものではない。彼らもその一部であるそうした現実同様、人間存在や人間性は、諸力による構成物であり、物理的、有機的、心理的、倫理的な構成物なのであって、われわれが考えうるあらゆる観念は、そうした構成物によってこそ生じるものなのである。個人それじたいも、諸力によるひとつの構成物である。［……］「存在」は（その主観性もふくめ）、それじたいでは存在しない。それはそれを構成し、それが協働している諸力の、無限にありうる結合の結果なのであり、不安定で変化しうる結果なのである。(5)

すべてに先行するのは力、もろもろの力である。個々の存在は、人間というあり方をふくめ、またその内面に生じることもふくめて、先行してあるそうした諸力が、あるときある場所で、ひとつのかたちをとって構成された結果としてあるものにすぎない。したがってそれは、「不安定で変化しうる」ものであり、ようするに、はじめからこうと決まっているわけではない。運動や行動に先行して、その源泉として存在する錯綜した諸力を肯定すればこそ、アナキズムにとって、人間と自然、主体と客体の区別など、なんら本質的なものではないのである。その伝統のなかから導かれるこうした理論を要約することばとして著者は、「植物」や「水晶」などの有機的・無機的な自然物がそうであるのとおなじように、「生ある人間はひとつのグループである」という、プルードンによる決定的なひとことを引用している。

こうした意味でアナキズムは、しばしばそれと同一視されることのある個人主義とは、なんの関係ももたないことになる。というのも、冒頭に示した戯画的な把握との関係でいえば、平等な関係とか、水平性といった原理うんぬんの前に、そういった関係や原理によって配置される個人という単位そのものが、そもそも想定されていないのだから。並べるべき駒がないというだけではない。人間は、「彼らを取りかこみ横断する現実とはっきりと区別されるものではない」といわれるとおり、駒を置くべき盤となるものもまた、そこには存在しない。主客の区別以前の世界、地と図が本質的な区別をもたないまま連続する、文字どおり立つ瀬のない世界にあって、それでもなおその世界を、そこにある混沌を肯定する者、アナキストとはたとえば、そのような人物のことなのだ。だから〈無政府〉、などというだけではあきらかに足りない。なにかが無いというのなら、「無限にありうる結合の結果」であり、「不安定で変化しうる結果」である、「ひとつのグループ」としての〈私〉のありかたを固定化してしまうような、外的な根拠や原理こそが無いというべきである。(6)

以上のような理論を受け、だからこそアナキズムは、キリスト教のみならずあらゆる宗教と「親密なまでに近しい」ものでもありえ、また同時に、「はげしく隔たっている」

ともいえるのだとコルソンは述べる。(7)「近しいもの」といえるのはなぜなら、「それが形成される過程のなかに記録されている、包括的で普遍的な経験の数々」を見るかぎり、そこにもやはり、「いまだ分離されていない世界との関係」が、つまり先に見たような、諸力によって踏破された主客の区別以前の世界との関係が見いだせるからだ。しかしその歴史のなかで宗教は、当初にあったそうした関係にたいし、外的な根拠を与え、それを固定化してきた。個別には「教会」や「教義」、「聖典」や「もろもろの義務」といったかたちをとるものによって、「ありえただろうそのすがたに秘められた集団的諸力」から切りはなされてきた。ことここに至ってしまえばそれは、アナキズムから「はげしく隔たって」しまうことになる。〈神もなく、主人もなく〉というスローガンが掲げられるのは、まさにそのときである。

とはいえしかし、両者の関係はそこで断たれてしまうわけではない。「キリスト教アナキズム」というその項目をコルソンは、次のようなことばとともに閉じている。

宗教はみずからのうちに、また、きわめて権威的な一神教のなかで見られるものまでをもふくめて、そのいくつかの実践のうちに、世界にたいする別の関係を——たいていの場合「神秘主義的な」ということばで表現される関係を——保ちつづけている。そうした別の関係は、現実に備わっている実在性や可能性に内在したものであり、司教にしろ教義にしろ儀礼にしろ、神聖さの名を借りて語るのだと主張するあらゆる審級をいっさい通すことのないまま、現行の秩序が否定する諸力や可能性を、直接に、なんの媒介もなく表現しようとするのだ（**直接行動**の項を参照）[8]。

神秘主義のほうへ——直接行動としての聖書の読解

ようするにここで著者は、過去のその実践のなかで生まれた理論に学ぶことで、アナキズムのありうべきすがたが示されるように、「包括的で普遍的な経験の数々」を記録する聖書に立ちかえることで、キリスト教もまたなんどでも、そもそもみずからのうちにあり、そのいくつかの実践のなかにも宿りつづけている、「世界にたいする別の関係」を、「いまだ分離されていない世界との関係」を、取りもどすことができるはずだというのである。したがって、一方のアナキズムが、あらためてそれを思いだすために忘れられた過去の理論のなかに学ぶという、それじたいきわめて穏当な道を通ったように、キリスト教が通ることになるのもやはり、どこか拍子抜けするような、ごくあたりまえの道であることになる。

つまりあらためて、聖書を読むこと。しかし、「司教」や「教義」や「儀礼」といった、「神聖さの名を借りて語るのだと主張するあらゆる審級をいっさい通すことのないまま」にそれを読み、そして行動すること。いいかえればそれは、外的な根拠にほかならない解釈を幾重にもまとった「聖典」の地位にあるものとしてではなく、ただひたすらに、原理のなさや根拠のなさを告げている書物として聖書とむきあうということだ。エミール・プージェが述べるとおり、「力とは、あらゆる運動、あらゆる行動の根源」であり、そしてその無媒介な発露としての直接行動には、「特定の形式は存在しない」[9]のだとすれば、ようするにそれは、聖書の読解それじたいを、ひとつの直接行動としておこなうということなのだといえる。そしてそれは、やはりコルソンが指摘しているとおり、歴史のなかでしばしば異端として断罪されてきた、神秘主義者たちの通ってきた道でもあるはずである。

最後に、長らく忘れられてきたドイツの革命家であり、まさにひとりのキリスト教アナキストだったグスタフ・ランダウアーによるテクスト、「分離を通じて共同社会へ」から引用しておきたい。講演の場で口頭発表した内容をもとにしたこのテクストの主題は、そのタイトルのとおり、ありうべき「共同社会」とはなにかというものだ。国家によって強制された旧い共同社会からの完全な「分離」を説くその文章のなかでランダウアーは、〈教師《マイスター》〉の名のとおり、キリスト教の歴史にたいするふかい学識にもとづいたうえで、まさに直接行動としての聖書の読解をおこなっていた神秘主義者のひとりである、中世後期の神学者マイスター・エックハルトのことばにふれ、次のように述べている。

マイスター・エックハルトはいう。神は個々の人間とともにあるのではなく、人間存在そのものとともにあるものなのだと。[……]この人間存在そのものとは、エックハルトが、あらゆる人間をかたちづくるその本性と呼んでいるもののことである。だが誤解してはならない。そこで問題になるのは、いまある経験的な事実にもとづいた権威主義的な合意のうえに築かれるものであり、その意味で共通の人間性に根ざしている、道徳の基礎づけなどではない。[……]それは永遠に受けつがれるもの、神的なものであり、それぞれの存在が、それに固有で、混じり気のないその特異性を見つけだし、ふたたびそれを発揮するときにこそ生じる一体性であり、共同性なのである。つまり個体性とは、底のない深淵に根ざしているものなのである――そしてだからこそそれは、それじたいですでに共同体であり、人間存在そのものであり、神的なものなのである。(10)

一見して難解で、撞着にさえ見えることばだが、キリスト教とアナキズムの本質的な近さを確認してきたいま、もはやそこに註釈は必要ないはずだ。冒頭に描いた戯画の退屈さは、国家の統治の対象でしかない個人という、まさに「道徳」的な分類を、いつまでもそれが内面化しているところからくる。そんなものの外で、アナキズムは、そしてキリスト教は、たしかに見ていたはずなのだ。それこそが神にほかならない、「あらゆる人間をかたちづくるその本性」を。つまりあらゆる個別的な存在に先行する諸力を。したがってあらためて、なんどでもいうべきである。神は、仰ぎみるはるかな高みにいるのではないのだと。そうではなく神は、それじたいひとつの「共同体」として、「グループ」としてあるかぎりで、〈私〉じしんなのだと。そしていうべきである、そのようなものとしての〈私〉＝神の外には、いかなる原理も根拠もないと。くだらない戯画を離れ、諸力の炸裂する「いまだ分離されていない世界」のなかで、キリスト教とアナキズムは、ふたたび手をとることになるだろう。

注

(1)このスローガンの来歴については、ダニエル・ゲラン編『神もなく主人もなくアナキズム・アンソロジー』〈一〉(長谷川進訳、河出書房新社、一九七三年)の編者による序文を参照。

(2)たとえば、ジョージ・ウドコック『アナキズム』〈一〉(白井厚訳、紀伊國屋書店、一九六八年)第八章。

(3)大杉栄『自叙伝・日本脱出記』(飛鳥井雅道校訂、岩波書店、一九七一年)一六九頁。もっともこの本は、洗礼を授けた海老名弾正の国家主義が露見したのちに書かれたものであり、大杉はここで、雨のように注がれることを期待したその教えも、けっきょくは「コップの水」にすぎなかったのだと、あくまで距離をとってひややかに述べている。

(4)Daniel Colson, *Petit lexique philosophique de l'anarchisme. De Proudhon à Deleuze*, Le Livre de Poche, 2001, p.29. 強調は原著者による。

(5)Ibid., p.120-121.

(6)こうした点については、同書の項目「外の力能」も参照のこと。Cf. Ibid., p.257-272. また同項の翻訳は、拙訳によって次の雑誌に掲載されている。『HAPAX』九号(夜光社、二〇一八年)。

(7)Ibid., p.29.

(8)Ibid., p.30. 強調は原著者による。

(9)Ibid., p.122.

(10)このテクストの日本語訳は、ランダウアーの主著のひとつ『レヴォルツィオーン——再生の歴史哲学』(同時代社、二〇〇四年)の訳者である大窪一志の個人ブログのなかで公開されている。行きとどいた解説もふくめ、ぜひ参照されたい。〈http://neuemittelalter.blog.fc2.com/blog-entry-42.html〉なおここでは、大窪訳を参照させていただきつつ、Charles Daget による仏訳（Édition de sandre, 2008）をふまえ、文脈にあわせた拙訳を用いている。

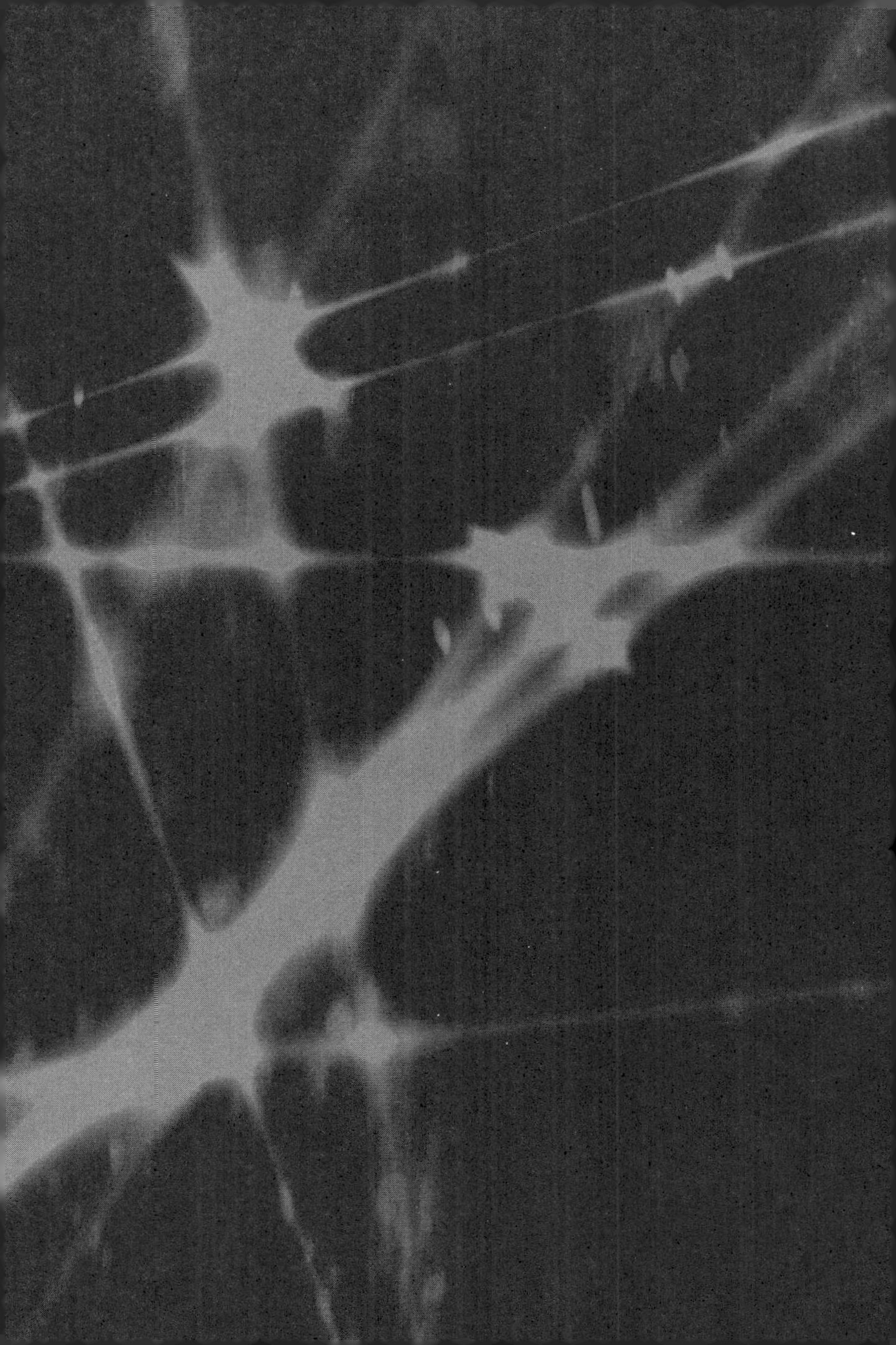

Talk Session 2

離脱するキリスト教＝アナーキー

堀　今日の司会をつとめさせていただきます、『福音と世界』編集部の堀真悟です。キリスト教の護教ではなく、キリスト教と現代世界の相互批判的な接点をつくるということを念頭に同誌の編集をしています。

このかんの『福音と世界』では、八月号「国家・天皇制・キリスト教」や、一〇月号「アナキズムとキリスト教」といった特集をくんできたのですが、そこでうかびあがってきたのは、キリスト教こそが統治のひとつの原型なのではないかという問いでした。この点をつきつめて考えるために設定したのが、今日のテーマ「自己・神・蜂起」です。ここでいう「自己」とは統治がたえず干渉してくる当のものであり、また「神」は、統治を支えるレトリック、あるいは統治のしかたを根拠づけるものとして考えられます。では逆に、その自己が神に叛く契機《モメント》とはなにかと考えたときに、でてきたのは「蜂起」ということばでした。『福音と世界』一〇月号では、アナキスト人類学者の高祖岩三郎さんに「アナキズムの臨界点」と題してご寄稿いただいていますが、そこでは、蜂起とは「意図的に実現しえる行動をこえた出来事としての『無政府状態《アナーキー》』」(二〇頁)なのだと述べられています。蜂起によって自己と神の関係がアナーキーなものとなるとき、キリスト教はどこへむかうのでしょうか。そのことを視野に入れつつ、まず最初に『福音と世界』八月号寄稿者の白石嘉治さんにお話をお願いします。

発題

「ケア」としてのアナーキー

白石 堀さんは昔、就活反対と銘打ってわずか一〇分のデモをやったりしていました。そういう堀さんがいまではははたらいていることがちょっと信じられない。ついでにいっておくと、今日の登壇者である栗原康さんとの共著『文明の恐怖に直面したら読む本』(Pヴァイン、二〇一八年)がさいきんでたのですが、その担当編集である小林拓音さんがはたらいているということも、やはり信じられない思いです(笑)。

栗原　小林くん、学生のころは「ぜったいはたらかない」っていってましたからね。じっさい、夜七時からあるイベントにも間に合わなかったり。

白石　家で寝ていたからね（笑）。眠りすぎてはいけない。けれど、いま「統べる」とか「叛く」ということを問題にしようとしているのは、そういうひとたちでもある。

これは以前に別の場所でも話したのですが、堀さんから当初原稿の依頼があったときに「白石さん、天皇と憲法について書いてください」といわれて、「ああ、どうしようか」と思いました。個人的には、天皇もいらないし、憲法もいらないと思っています。天皇がいらないのは、左派としてはありうる。けれどそこで、憲法もいらないと書いてしまったら、護憲派のひとたちから総スカンをくらって、終わるなと（笑）。逆に、ちょっと有名になりたければ「日本」を主語にして書けばいい。たとえ批判的であれ、ナショナルなものを文章のなかにねりこめばいい。憲法を軸によりよい「日本」を語ればいい。けど、ウソというか、たとえウソであっても信じてないことを書くわけにもいかない。だからもう終わってもいい、そう思って書いたのが、八月号にのせてもらったエッセー「天皇のてまえと憲法のかなたで」（本書一一四頁以下）です。

人類には、一〇万年くらいの歴史があるといわれています。そのうち、文明というものが本格的になりはじめてから五〇〇〇年くらいになるそうです。文明は英語でシヴィライゼーション（civilization）です。なんだかよさそうな響きがする。でも、語源となっているcivisは都市の住民であり、そこからシティ（city）ということばも派生するのですが、けっきょくのところ、文明ということで意味されているのは、階層化された支配状態、つまり都市を中心にした国家あるいは文明化ないし国家化ということです。明治維新による文明開化も、要は近代国家化ということにすぎません。

この文明がおこなう国家をつうじた統治には、せいぜい三つのやり口しかありません。ひとつめは、古代国家のようにカミを中心にして組織化すること。ふたつめは、近代国家のようにヒトを中心にして組織化すること。そして、人新世《アントロポセン》〔人類の活動が自然環境や生態系に地球規模の変化をもたらしている時代をさす地質学用語〕ということばに象徴される現代においては、モノを中心にして組織化すること。カミ、ヒト、モノ。おもいきって単純化すると、文明の要素はこの三つぐらいしかない。もちろん、ヒトを中心にして組織したからといって、カミやモノがなくなるというわけではありません。カミもモノも、あくまでヒトという中心との関係で考えられる。それが近代のいわゆる「ヒューマニズム」ということでもある。

そして現代は、おそらくモノが中心の時代です。いま、話題になっている本に『ホモ・デウス――テクノロジーとサピエンスの未来』（ユヴァル・ノア・ハラリ著、二〇一五年。邦訳＝河出書房新社、二〇一八年）があります。そこでは文明論的な見通しのなかで、産業革命以後、スマートフォンにいたるまでの現代について、やはりモノを中心にヒトやカミが組織されるといわれている。だから、もはやヒューマニズムではない。モノのなかにヒトが埋没していくことで、ひとにぎりのヒトがカミとなるという見通しです。そういうひとにぎりの「超人」が「ホモ（ヒト）・デウス（カミ）」となる。

なんだかとんでもないことになりそうですが、そういう現代のモノの支配においても、そこに文明ないし国家の統治がはたらいていることには変わらない。おなじ文明＝国家のアルゴリズム（演算の手順）がはたらいている。つまり、法律があって、取り締まりがあって、そして労働がある。このばあいの労働は統制されているので、植民地のもとでの「プランテーション」がおおもとのかたちです。こうした一連の流れは、どの文明＝国家でも変わらない。古代には、カミにもとづいた法がある。近代には、ヒトにもとづいた法がある。いまは、モノにもとづいた法があるのでしょう。ともあれ、そうした法によって取り締まりがおこなわれる。その取り締まりをおこなうのは警察にかぎりません。礼儀作法もそのひとつですし、あるいは常識と呼ばれるものもそのうちのひとつかもしれない。これらによる取り締まりの結果、わたしたちはさまざまなかたちで労働させられるわけです。それが、文明＝国家のアルゴリズムです。

　では、このアルゴリズムはなにに依拠して機能するかというと、『ホモ・デウス』の最終章では「データ教」というういいかたがされています。つまり〈法―取り締まり―プランテーション〉というアルゴリズムじたい、あえてパソコンになぞらえたいいかたをすれば、すべてがデータ化された「作動環境」があってこそ機能する。データ化というのは「表象化」ともいいかえられるのでしょうが、そうしたデータ化＝表象化された作動環境のなかで、国家のアルゴリズムが作動しつづけている。それが文明のやり口であり、天皇制も憲法もそのなかでとらえかえさなければいけない。

　モノにせよなんにせよ、あまり支配されたくない。「ホモ・デウス」とかもねがいさげですが、こういう議論がでてくることじたい、モノの支配にいたって、文明＝国家のアルゴリズムじたいがもう限界に来ているのではないか。じっさい、たとえばソ連という実験は破綻してしまいました。下からの評議会（ソヴィエト）にもとづくという、ある種のアナキズム的な発想がそこにはあったのでしょうが、マルクス主義という科学＝表象化のもとで国家のアルゴリズムを作動させた。八〇年代をふりかえってみると、当時からすでにソ連はダメだと思いつつも、あんな大きな国がなくなるとは予想していなかった。ダメはダメなりにつづいていくのだろう。当時の「シラケた」雰囲気のなかでそういわば高をくくっていた。でもじっさいはあっけなくなくなってしまう。

他方、自由貿易体制といっても、けっきょく商品という表象ないしデータを文明＝国家のアルゴリズムのなかで流していくだけです。ぜんぜん「自由」ではない。だからダメだとは思いつつも、九・一一のようなことが起きてワールドビジネスセンタービルじたいがなくなるとは思ってもいませんでした。そして原発もどんどん爆発する。原発じたい、〈法―取り締まり―プランテーション〉というアルゴリズムなしでは一秒たりとも稼働しない。そういう意味で、文明的なもの、国家的なものの集約された装置です。スリーマイル島やチェルノブイリでもうダメだとはわかっていた。「もんじゅ」も無理筋でしょう。でも、三・一一のようなかたちで爆発するとは思っていなかった。

八〇年代はちょっとした凪のような感じだったのでしょうが、その後、けっきょくカタストロフがたてつづけに起きる。当然、データ化・表象化された作動環境のうえで作動している〈法―取り締まり―プランテーション〉というアルゴリズムじたいを考えなおさなければいけない。イデオロギーと関係なくみんながしたがっている文明や国家そのものを考えなおさなければいけない。そういうところまで来ているのではないか。そこで召喚されるものを、ざっくりと「アナーキーなもの」と呼んでいます。

そういうと、無秩序を肯定するのかとつめよられそうですが、いま秩序といわれているのは、けっきょくのところデータ化や表象化にもとづく秩序にすぎない。くりかえしますが、そこでは文明＝国家のアルゴリズムが作動する。だから「アナーキーなもの」とは、そうした秩序としてのデータ化や表象化にあらがうものです。もちろんデータ化や表象化は、いわば骨がらみなところがあって、国家的なもの、文明的なものはどこでも発生する。政府というような水準でなくても、いろいろな場所で〈法―取り締まり―プランテーション〉のアルゴリズムが作動していれば、もうそこには文明ないし国家的なものの統治がある。それにたいして非対称的なありかたをしていく。おなじ土俵にのらない。文明＝国家のデータ化や表象化にたいして、たとえば世界そのものをある種の「しるし」としてみていく。あとでちょっと補足できればしたいと思いますが、それは世界を「徴候」として読みとることだといってもいい。そうした徴候へとひらいていくことで、文明や国家の秩序とは非対称的な生きかたをたぐりよせていく。それがアナーキーなものの正義です。アナーキーなものとは、「ホモ・デウス」をもたらすような「データ教」にのらずに、徴候の自然へとひらかれて生きていくための、いわばケアのプロセスのなかにやどるのだと思っています。

堀　ありがとうございます。キリスト教はいわば神を中心とした統治のひとつのパターンだと思います。では逆に、キリスト教が統治から逃れていく、「しるし」を感知するほうにむかうとしたら、どういうかたちがありえるのでしょうか。それを考えたのが、一〇月号特集「アナキズムとキリスト教」だったといえるかもしれません。次は、その寄稿者のひとりである栗原康さんにお話しいただきます。

イエスの非対称なたたかいかた

栗原　どうも、栗原です。一〇月号では、堀くんから「イエスとアナキズムというテーマで書いてみませんか？」というほんとうに直球の依頼をもらって、すごくうれしかったです。というのは、もともとぼくもそういうことを考えていたからです。

これまで本をだしたときにいろいろなところからトークイベントに呼んでもらったんですが、そのときに、なぜか教会からたびたびお声がかかったんですよね。それでアナキズムの話をしたんですけど、ある牧師さんが「うちのボスっていうか、イエスさまはアナキストなんだよね」というものだから、「ほんとうかよ」とか思って（笑）。でも、じっさいに新約聖書を読んでみたら、意外や意外。すごいおもしろいし、ほんとうにアナーキーなことがいっぱいいわれているなと思いました。それをまとめたのが一〇月号の原稿（本書一二八頁以下）なんですが、タイトルは「キリスト抹殺論」にしたんです。せっかくの『福音と世界』なので、そういうタイトルをやってみたいなと（笑）。

じつはこのタイトル、パクりなんです。明治時代、アナキストの幸徳秋水が大逆事件で処刑されてしまうまえに書きあげた最後の著作が『基督抹殺論』（一九一一年）。どんな本かというと、「キリストくたばれ、キリストくたばれ、キリストくたばれ」みたいなことをひたすら書いている。じぶんが死ぬ直前にそんなことをしている幸徳秋水って、ちょっとヤバいひとだなという感じがしますよね（笑）。

もちろん、理由があります。このとき、幸徳秋水はキリスト教がひとつの権威をつくりあげてしまっていると考えていましたが、かれがいちばん批判したかったのは、天皇制なんです。当時は、おもてだって天皇制批判なんてできない世のなかです。じかに「天皇くたばれ」と書いた本なんて出版できなかったので、『基督抹殺論』では天皇制をキリスト教の権威になぞらえることで批判したんじゃないかといわれています。もっとも、本人は死んじゃっているので、じっさいにどう思っていたかはわからないですが。

おもしろいなと思うのは、明治・大正時代のアナキストたちの天皇制のとらえかたです。かれらは、主人と奴隷のごとくひととひとのあいだにはあきらかな支配関係があるにもかかわらず、それがあたりまえ、自然なことだとされているのはおかしいと考えていました。たとえば、家庭のなかの妻と夫や、会社や工場での労働者と資本家などです。食わせてもらっているんだから、妻が夫にしたがうのは当然だとか、労働者が資本家にしたがうのはあたりまえだとかいったように、支配が自然なものとされている。そうした支配の象徴が天皇制なんじゃないかと、当時のアナキストたちは考えたんです。天皇制とはなにかというと、ほんとうは古代国家の起源、奴隷制を強いた国家の名残です。にもかかわらず、「天皇は現人神なんだから、赤子である臣民がしたがうのはあたりまえだ」といわれると、なにかそれが自然なことかのように思えてしまう。だったら、いっそ天皇を爆弾でバーンッと吹っ飛ばしてみたら、天皇は神なんかじゃないってことにみんな気づくんじゃないか。たぶん、当時のアナキストたちの発想としてはそんなところだったと思います。あたりまえだとか自然だとか思われている支配の象徴を一回吹っ飛ばして、そこから解き放たれた生を、もう一回生きてみましょうよ、と。

でも、とくに具体的な計画も立てないうちに幸徳たちの考えていることが発覚してしまい、大逆事件では一二名が処刑されました。そうして最後に幸徳秋水は『基督抹殺論』を書くわけですが、これって内容じたいはそんなにおもしろくなくて、「イエスは実在しなかった」ということをひたすら書きまくっているだけの本なんです。でも、そこでかれがいおうとしたのは、権威にしたがうのがあたりまえだとされている点では、キリスト教も天皇制もおなじだろうということです。だったらそれをぶっつぶしてやれ、と。さすがに教会に爆弾を投げこもうとは考えていなかったでしょうけれど（笑）、あたりまえだとされている支配を、ことばとか思考のレベルで爆破しようというのが、『基督抹殺論』だったのだと思います。

そういうことを思っていたところ、友人に勧められてある本を読んだんです。それが、田川建三さんの『イエスという男』（作品社、一九八一年。増補版二〇〇四年）です。これがめちゃくちゃおもしろくって。この本は、「イエスは実在しなかった」といっているわけじゃないですが、でも意外と『基督抹殺論』とおなじようなことをテーマにしているんです。つまり、イエスはたしかに実在した。でも、そのひとがいまや教会の権威として崇め奉られていることはまちがっている、と。田川さんは、じっさいに福音書などを読み解きながらそう論証しているんです。

そういわれると、イエスってどんなひとだったんだろうって思うじゃないですか。ぼくが田川さんの本を読んでみて受けた印象は、「どうやらただのチンピラだったらしい」ということです（笑）。チンピラというか、ほとんどアナキストです。そんな着想をえながら、じぶんでも福音書を読みつつ書いたのが一〇月号の原稿になります。

そこで書いたことをすこし紹介したいんですが、さっき白石さんが、いまの権力や統治とたたかうときには、非対称性、つまり権力とはおなじ土俵にのらないことがだいじなんだといっていたと思います。福音書を読んでみると、当時の権威とか権力にたいするイエスのたたかいかたも、じつは非対称性から入っているんですよね。田川建三さんの本によれば、当時イエスが生きていた時代は、ローマによる植民地支配下にある。でも、その支配層とむすびついて、ユダヤ教の祭司がでかい巨大建築とかを建てていばっていたそうなんです。その祭司は、「あれやっちゃダメ、これやっちゃダメ」みたいなことをいいつつ、民衆から上納金を巻きあげて暮らしていた。

ぼくはもともとキリスト教にはあまりくわしくないんですけれど、キリスト教では「アーメン」ということばをつかうことはさすがに知っています。「汝、姦淫を犯すことなかれ」とかいったら、最後にみんなで「アーメン」という。そのアーメンって、「ごもっとも」とか「おっしゃるとおりです」っていう意味らしいんです。つまり、ユダヤ教の祭司が民衆のまえで説教をして、最後にみんなに「アーメン」っていわせるのは、じぶんがいっていることは権威にもとづいており正しいことなんだと、下々の者たちに同意させるためなんです。あなたのおっしゃっていることは権威があって正しいことです、アーメンと。

それをみていたイエスやその師匠のヨハネが、「こんちくしょう」とか「くたばれ」みたいな感じで立ちあがるんですが、すごいなと思うのは、イエスが祭司をディスるときのやりかたです。イエスはアーメンのつかいかたを完全に変えちゃって、話の最初から「アーメン」っていうんですよ。まず「アーメン、アーメン、アーメン、アーメン！」って叫んで、そのあとに「汝、敵を愛せよ」みたいなことをいう。語順が完全に逆転しているんです。つまり、いきなり「ごもっとも、ごもっとも、ごもっともでございます！」とバーッといったあとで、突然、「じゃあなにかしゃべりましょうか」となるわけですから、ナメているとしか思えないです（笑）。

でも、田川さんによれば、それはユダヤ教の権威にあらがうためだったそうです。えらいひとがしゃべったら、みんなが最後に「ごもっとも」というのがあたりまえのコミュニケーションの方式だったところを、イエスはしゃべりかたとか表現の方法からぶっ壊しているんです。しかもちょっと笑えるじゃないですか。最初から、「アーメン！アーメン！」なんていわれても「なにやってんだこいつ」という感じで、クスッとしたひともきっといたでしょう。そうやって、ひとが権威にしたがってしまうコミュニケーションのありかたを崩そうとしたのが、イエスだったんじゃないかなと思います。

こういう発想にもとづいて福音書を読んでみたら、ユダヤ教の権威にたいして非対称性でたたかっているイエスの姿がいろいろとみえてきました。もうひとつおもしろいなと思ったのが、イエスの労働のとらえかたです。イエスが賃金の問題について質問されている箇所〔マタイ二〇章一―一六節〕なんですが、ようするに、不当に搾取されるひともいれば、日雇いの仕事からあぶれてしまったひともいるし、あるいは一日中こきつかわれたひとや三時間しか雇ってもらえなかったひともいる。そこに生まれている格差をどうするんだという、まるで現代みたいな話です。

ここで、相手の土俵にのって労働や賃金の話をしてしまうと、「これだけはたらいているのにこれだけしかもらえないのは不当だ。賃金をよこせ」というたたかいかたになると思います。でも、イエスがいうことはほんとうに単純なんですよね。「とりあえず、金よこせ」。基本的にこれしかいっていないんです。金よこせ、ではだれによこすのかというと、はたらいていない人間にもよこせ。三時間しかはたらいていない人間にもよこせ。一日中はたらいた人間にもよこせ。全員におなじだけよこせ、みたいなことをいうんです。いまだったら、ベーシック・インカム〔就労や資産の有無にかかわらず、すべてのひとに平等に生活を保障する財を分配する福祉政策〕のような発想がありますが、イエスがそこまでつきつめて考えていたかどうかは、また別の話でしょう。ただ、ひとが金や時間という量りにかけられ、交換可能なモノのようにあつかわれている。そうした賃労働の発想じたいがおかしいんじゃないかということをイエスは訴えかけていたのではないかと思います。

とはいえ、そんなことをいっていたら仕事をもらえなくなるじゃないですか。このままでは食えなくなるんじゃないか、そういう不安がイエスの周囲にもでてきたんでしょう。そこでイエスがいうのが、「貧しきものは幸いなり」ということばなんです。「貧しきものは幸いなり」って、一見すると植民地支配とか奴隷制を肯定しているみたいじゃないですか。支配されて貧乏な生活をしているけれども、まじめにコツコツやって耐えましょう、そんなふうにも読めます。でも、さっきの発想から「貧しきものは幸いなり」といわれているとすると、話が変わってきますよね。

さっきもいったようにイエスの師匠はヨハネというんですが、このひともまたほんとうにゴロツキなんです。ずっと野原にいて、仕事をいっさいしないんですよ。じゃあどうやって食っていたのかというと、とりあえずイナゴを食え、栄養もあるし、と。あと、花の蜜。金がなくても、労働しなくても、これだけで食っていけるぜ、というわけです。そんな師匠から、イエスはぜったい影響を受けているはずなんですよね。「いざとなったらイナゴでもいける」と。そうなれば、労働の支配を断ち切って、そこから逃れることができる。当時も、田畑からも逃げだしていく逃散《ちょうさん》農民が大勢いたと思うんですが、かれらのような生きかたを肯定するような発想が「貧しきものは幸いなり」ということばにはみてとれます。

もうひとつだけおもしろかったことを紹介すると、イエスは、地主によって苦しめられている農民についてのたとえ話（マタイ二一章三三—四六節、マルコ一二章一—一二節、ルカ二〇章九—一九節）をしています。その農民たちは、一揆のようなものを起こそうとしているんです。かれらは、「もうじき地主の使いが、うちらの借りている田畑にやってくるでしょう。でも、うちらも耐えきれないんで、その使いをぶっ殺します」っていいます。それにたいして「ひとり殺しても、次が来るでしょう。どうするんですか」というと、「次も殺します」というんです。そして「次もまた殺します」と。押忍！

ただ、イエスは「それじゃダメだ」というんです。個人的にはそういうときに「やっちまいな！」っていってほしいところもあるんですけれども（笑）。なぜダメかというと、それでたたかっても、地主はいずれかならずチンピラか軍隊みたいなのを連れてきて、最後には負けてしまうからです。あるいは、それでも勝つためにはこっちも軍隊みたいになってたたかわなきゃいけない。そうすると、じぶんたちも地主や主人とおなじような存在になっちゃうんです。だから、イエスがよくいっているのが「ぜったいに、主人になってはいけない。それだったら奴隷のほうがまだマシだ」といったことばです。

とはいえ、奴隷のままでいるのもイヤじゃないですか。どうすればいいのかというと、イエスは「おまえは地主とかに借金があるんだろう。だったら、地主の家に夜な夜な忍びこんで帳簿を書きかえてしまえ」っていうんです（ルカ一六章一―一三節）。ただし、五〇〇万円の借金があるのに、それをいきなり〇円にするとバレてしまう。だから、とりあえず三五〇万くらいに減らせ。そうやってちょびちょびやっていけば、なんとかなる。イエスはそんなふうに勧めているんです。ほんとうにそれでだいじょうぶかって感じもちょっとしますが（笑）、でも、こういうたたかいかたっておもしろいなと思います。ガチでたたかうんじゃなくて、夜な夜な細工していくことによって、借金とか負債をちょっとずつ減らしていくわけです。これはあくまでたとえ話ですが、そんなたとえがでてくるってことは、イエスじしんか周りの人間はぜったい似たようなことをやっていたんでしょうね（笑）。

こんなふうに、聖人＝キリストといったイメージを取り除いて福音書を読んでみると、非対称性の論理によって権力や権威とどうたたかっていくのかというアナキスト的な側面がみえてきます。そう考えると、イエスも意外と、今日この場に集まったみなさんと変わらないのかもしれません。ひとりひとりが、「おれ、イエース！」とか「わたし、イエース！」とかいっちゃってもいいんじゃないのかなと思います。

世界との直接的な関係

堀　ありがとうございます。一〇月号特集の冒頭が栗原さんの『キリスト抹殺論』なのですが、これは「アーメン、私は言う、天皇制は抹殺しなければならない」というパワーワードから入る、ハイテンションな論考になっています。キリスト教に関心があるひとが読者の大半になるなかで、「アナキズムとはなにか。キリスト教とどう関係があるのか」という疑問にインパクトをもってこたえてほしいと思って栗原さんに寄稿をお願いしたのですが、もくろみがまんまと成功したという感じです（笑）。

いっぽう、栗原さんの次に掲載されているのは五井健太郎さんの論考ですが、おふたりの文章は、ある意味で対になることを想定していました。栗原さんは人間イエスをアナキストとしてとらえなおされましたが、五井さんは、神についてアナキズムからはどのように考えられるのかを書いてくださいました。では、五井さん、よろしくお願いします。

五井　五井と申します。よろしくお願いします。なんというか、いまふかく絶望していまして、その絶望をまずみなさんと共有するところからはじめたいと思います。さっきこの会がはじまるまえに、登壇者同士でちょっと相談していたんです。そこでは白石さんも栗原さんも「いやぁ、もう今日はしゃべることぜんぜん考えてないよね」とかいっていたのにもかかわらず、ふたりとも立て板に水のごとくしゃべるじゃないですか。いったいどういうことなのか。ぼくは、ほんとうになにも考えてきていないです（笑）。

とはいえ、じぶんの書いたこと（本書一四二頁以下）については、多少ともお話しできればと思います。そもそも今回の寄稿にあたっては、「アナキズムとキリスト教について思うところを」というように話をいただいたんです。そういうお題について考えてみたとき、みなさんがどう思われるかはわかりませんが、ぼくじしんはまず漠然とこんなふうに思いました。このふたつはなんとなく似ている気もするし、ぜんぜん違う気もする、と。こういうぼんやりとした感覚がいったいどこからきているのかっていうことをじぶんなりに整理してみたのが、今回の論考ということになります。

堀　当初その話をしたときには、五井さんは「ライナー・シューールマンがアツい」っていう話をされていましたよね。

五井　そうでしたね。ライナー・シューールマンというひとはドミニコ会士で、パリで神学を勉強して、神父としてアメリカに渡るんだけど、最終的にハンナ・アーレントなんかの同僚としてニューヨークで哲学を教えるみたいな、すこし変わった経歴をもったひとなんですが、これがめちゃくちゃおもしろくて。後期のだいぶヤバい感じの仕事からその全体を逆さまに読んでいくっていうハイデガー論であり、哲学の立場からの一種のアナキズム論でもあるような『アナーキーの原理』（Editions du Seuil, 1982）とかが有名で、立場の違いこそあれ、ネグリにしろ、アガンベンにしろ、ティクーンにしろ、広い意味での左派のひとたちが二〇〇〇年代前後くらいからこぞって典拠のひとつにしてたんじゃないかっていう、そんな印象のあるひとです。

それで、そんなシュールマンの出発点が、マイスター・エックハルトを論じた『彷徨する悦び』（Denoël, 1972）だったりするんですよね。エックハルトをわざわざじぶんで訳して注釈をつけていくっていうスタイルのなかで、じぶんじしんを捨てること、同一性を放棄することこそが神とともにあることなんだっていうあたりを強調しつつ、その思想を論じているっていう感じです。というかまあ、中身を読むまえに、タイトルの時点で最高です。フラフラすると楽しい、みたいな（笑）。もちろんそこには、大戦後に育ったオランダ生まれのユダヤ系ドイツ人が、パリを経由してニューヨークにたどりつくっていう、まさに彷徨のなかで生きてきたじぶんじしんの実存が重ねられている部分もあって、そういう意味では重い本なわけですが。
ともあれ、ぼくの原稿は結果的にそれとは別のものになっています。話をもどしますと、キリスト教とアナキズムは、似ているけれど違うような気もするし、違うけれど似ているような気もする、と。ぼくじしんはキリスト教についてそれほど知っているわけではないんですが、アナキズムについてはなんとなく勉強したりしていて。たとえばその歴史をふりかえると、たとえば日本の初期社会主義者といわれるひとたちのなかには、若いころに洗礼を受けてキリスト者になったひとが大勢いたりするわけですよね。栗原さんが専門にしている大杉栄しかり、かれらのほとんどが洗礼を受けていたんじゃないかと思うくらいで。とにかくめちゃくちゃ多い。

白石　ほとんどがキリスト者で、ほとんどが私立のあやしげな学校をでている（笑）。

五井　そんな感じですよね（笑）。両者に具体的なつながりがあったっていう例は、そういうかたちで、すこし調べればいくらでもでてくるわけです。あるいは、帝政ロシア期の作家レフ・トルストイの名前を思いうかべてもいい。いまでこそ古本屋の百円棚に転がっているものというイメージですが、かれの作品や思想は平和主義的アナキズムとして知られていて、その生前からすでに、すごく大きな影響力をもつものだった。だから具体的な運動であれ、理論的なレヴェルであれ、ふたつのつながりを示すような例はほんとうにたくさんあったんだと思うんです。だけどそういうことは、いまではもうすっかり忘れられている。すくなくともみえにくくなっている。ぼくが知らないだけっていうのはあるにしろ。

じゃあこれはいったいなんでなんだろうっていうふうに考えると、というか、そんなふうに身がまえて考えなくてもなんですが、もう一方で、ごく一般的なレヴェルのなかで、このふたつはまったく別のものだっていうみかたが存在している、それもすごく根本的な部分で存在していると思うんです。というのも、ふつうキリスト教は、神というものがいちばん上にいて、その下にミカエルとかガブリエルとかなんとか、天使たちがひかえていて、地上にも聖人がいて司祭がいてっていう図式で理解されている。つまり、あからさまに垂直的な関係によって組織されているのがキリスト教である、と。これは、みなさんにもなんとなく共有されているイメージなんじゃないかと思います。

ひるがえってアナキズムは、ひととひととの水平的で平等な関係をつくっていくことを目標にした思想だっていうふうに、これもまた一般的なレヴェルで理解されているんじゃないかと思います。アナキズムっていうことばが、日本語だと「無政府主義」って訳されたりすることからもわかるとおりですが、政府であれなんであれ、じぶんたちの上にある審級みたいなものを認めず、平等で水平的な関係性だけでやっていこう、それがアナキズムだっていうわけです。じっさいその有名なスローガンのひとつに、「神もなく主人もなく」とかっていうのがあったりする。ノー・ゴッド、ノー・マスター。ちょうど原稿を書いてたときにも、ストラスブールの大聖堂の扉に、このスローガンがタギング〔グラフィティの一種で、スプレーペンキなどで描かれるサイン〕されたっていうタイムリーなニュースをみたりしました。市長がツイッターで苦言、みたいな。消防士のひとたちががんばって消してる動画とかがネット上にアップされてましたけども（笑）。

ともあれ、こんなふうに考えてみると、キリスト教とアナキズムでは、垂直性と水平性、縦と横っていうかたちで、その組織の原理のレヴェルで違っている、それもすごくヴィヴィッドなかたちで違っているっていうふうに考えられている、そんなふうにいえるんだと思うんです。

だけど、だとしたら、アナキズムとキリスト教が似ているっていう感覚は、いったいどこから来るのか。いいかえればこれは、キリスト教っていうものを知ったときに、大杉たち初期社会主義者は、いったいそのどこに惹きつけられていたのかっていうことでもある。歴史的な事実でもあったふたつのむすびつきは、いったいどのあたりにあったのかっていうことですね。こうしたことを考えてみるために、ぼくが原稿のなかで参照したのが『アナキズム哲学小事典』っていう、ダニエル・コルソンというひとが書いた本です。タイトルのとおりこの本は、アナキズムの歴史を、現代の哲学との関連のなかで、あらためて事典という形式でまとめたもので、いま翻訳しているものです（夜光社、近刊）。ひとりで事典を書くって、だいぶぶっ飛んでいる感じもしますけども。

白石　やはりひとりで事典を書いたわれわれの友人に、入江公康さん（社会学者。二〇一八年に、単著『現代社会用語集』（新評論）を刊行した）がいますね。

五井　たしかに、入江さんがいましたね（笑）。そして入江さんもぶっ飛んでいる。ともかく、コルソンの事典のなかには、その名もズバリな、「キリスト教アナキズム」という項目があるんです。じゃあそこにはなにが書かれているのか、いろいろぶっとばして要点だけいうと、「アナキズムもキリスト教も、この世界にたいして直接的な関係をもとうとするものだ。両者はだから似ている」ということになります。二人の話にひきつけていえば、表象であれデータであれえらいひとであれ、媒介となるようなものがいっさいないなにもないままに、直接世界と関係しようとする、どっちもそういうものなんだというわけです。

だけどじゃあなぜ両者はかけ離れているようにみえるのかといえば、その直接的な関係を邪魔しているものがあるからです。キリスト教のばあいでいえばそれはたとえば、聖書の読みかたを司っている教会ということになるんでしょう。それは、イエスっていうひとの言動のルポルタージュっていうかたちで、世界との直接的な関係を記録しているものであるはずの聖書を読むさいに、「こう読め。こういうふうに読まなきゃいけない」っていうかたちで規範を押しつけ、介入してくるものです。だけどそういうものを一回ぜんぶとっぱらってしまって、あらためて聖書とむきあってみるとどうなるか。それこそきっと、さっき栗原さんがいったみたいな、コソ泥のようなイエス像などがあらわれてくるかもしれない。初期社会主義者たちが惹かれていたものも、そのなかでこそみえてくるはずです。

堀　原稿では、「直接行動として聖書を読む」といういいかたがされていましたね。

五井　そうですね。世界との直接的な関係っていうのはどのようなものか、それをキリスト教の文脈で考えたときに、具体的にはじゃあなにがあげられるのかということでコルソンが言及しているものとして、ひとつにはさっきいったとおり聖書であるわけですが、もうひとつかれは、神秘主義についてもふれています。とはいえ辞典ですから、ことばとしてあげている以上に展開があるわけではないのですが、おそらくそのときに思いだしてみるべきなのは、さっきシュールマンが論じているっていうところでも名前をだした、マイスター・エックハルトだったりするはずです。一三世紀から一四世紀にドイツで活動したキリスト教神秘主義者であるエックハルトは、当時の教会のスタンダードからすればきわめて異端的な、「人が神になる」という人神論を唱えました。それは、媒介になるような権威を介在させずに聖書に直接的なかたちでむきあうっていう、ある種の「直接行動」から生まれてきた発想だったはずです。

堀　さっき、栗原さんが、「じぶんはイエスだ」とだれもがいっていいのだと話されていましたが、だれもが「じぶんは神だ」といっていいということですね。

五井　そう思います。エックハルトはもともとバリバリのエリート神学者だった。つまり聖書はこう読めっていう側だった。異端を取り締まる、ポリスの側だったわけです。アウグスティヌスなんかがでてくるくらいですから、かれが所属していたドミニコ会は歴史的に、「こうであるべき」っていう聖書解釈を、学術的かつ技術的に洗練させていった組織だったわけでしょう。だけど、そんな組織を代表して取り締まりにでかけていった先でかれは、異端と呼ばれるひとたちの信仰のかたちにむしろ感化されていく。いってみれば聖書解釈のテクノクラートだったエックハルトは、正規の修道院の外で、これといった後ろ盾もなく、つまりインディーズで聖書を読んでいろいろ自由に考えていた名もないひとたちから、逆に刺激を受けていくことになるわけです。聖書ってこんなふうに読んでいいのか、神についてこんなふうに考えていいのか、と。なんのてらいもなく、「わたしもう神になりました」とかマジでいってるひとがそこにはいたんでしょうからね。こうであるべきものの先にある公式的なものとしての神を突破して、こうしなくちゃいけないってたえず考えてしまうじぶんじしんを捨てさることで、はじめて神とひとつになれるんだっていうかれの考えは、そういうダイナミズムのなかで生まれてきたことだったはずです。

おなじことはアナキズムにもいえるはずで、平等や水平性はたしかに重要ですし、実践的なレヴェルで追及されていくべきことだと思いますが、はじめから設定された原理のようなものじゃなかったはずです。結果としてそうなることが望ましいにしろ、はじめからそうするべきと決まっているわけじゃない。むしろあらかじめ決まっているルールみたいなものからたえず逃れていこうとする、そういう気分こそがアナキズムに共有されていたものだったはずです。縦だろうが横だろうが関係なく、なにかしらの原理にもとづいてじぶんたちを組織しはじめた時点で、権力とおなじ土俵にのることになってしまう。だからいずれにせよ、キリスト教とアナキズムの接点をあらためてみつけるためには、「こうであるべき」という規範から離れたうえで、もう一度両者をとらえてみる必要があるんだと思うんです。すくなくともそうしなければ、直感的にではあれ初期社会主義者たちにみえていたこのふたつのつながりはみえてこない。

そんな話をふまえつつ、ぼくの原稿では最後にもうひとり、まさに「世界との直接的な関係」という観点からキリスト教とアナキズムのむすびつきを体現していた思想家・革命家として、グスタフ・ランダウアーというひとをとりあげてみることで、結論としました。ランダウアーは一九世紀終わりから二〇世紀初頭にかけてドイツで活躍したアナキストで、カント哲学の批判を展開した哲学者であり、詩や演劇をふかく愛する文学者だったと同時に、いわゆる現実政治のなかにふかく介入していったりもするような、とても多面的で魅力的なひとなのですが、あえてひとことでいえば、コミューン主義アナキストということになるんだと思います。コミューン、つまり国家的なものの外にある共同体っていうのは、どんなものでありうるのかっていうことですね。

この問題について考えるなかでかれは、一見してすごく不思議なことをいっています。共同体、というとちょっとかまえた感じになりますが、もっとざっくりいって、ひととひととの集まりみたいなものが問題になるときはふつう、どんなひとがそこに加わるのかっていう、垂直的なものであれ水平的なものであれ、組織の原理になるものというかメンバーシップ的なものがまずあって、その基準に照らして、じゃあおまえは入っていいとか、あなたはだめとか、君はちょっと待て、みたいなかたちで、演繹的に考えられるものですよね。こういう発想の最たるものが、たとえば国家だったりする。だけどそれを批判しようとする側もおうおうにして、対抗的なものとはいえひとつの原理にもとづいて集団を組織することになる。どっちの原理がより多くひとを集められるかっていう、動員合戦みたいなものがはじまってしまう。さっきもいったとおりですが、それでは権力とおなじ土俵にあがってしまうことになります。

それにたいしてランダウアーはこういいます。違うんだと。ほんとうの意味で共同体っていえるのは、個体的なものだけなんだと。国家的なものであれ、それに対抗するためのものであれ、ひとを束ねるようなあらゆる原理から離脱して、世界と直接的にむきあう。いいかえればそれは、なんの媒介もなく、ただじぶんひとりになることですし、孤独になることでもあるでしょう。だけどランダウアーは、そのときにこそひとは、ほんとうの意味で共同体に所属することになるんだというわけです。来《きた》るべきコミューンっていうのはそういうものなんだと。たしかに、共通するものがなにもないひとたちがバラバラに立ちあがることほど、権力にとって怖いことはないはずです。

重要なのは、こうしたランダウアーのコミューン論が、ほかでもなくエックハルトに触発されるかたちで生まれているっていうことだと思います。いまいったような話をしている「分離を通じて共同社会へ」っていう文章のなかでは、議論の決定的な箇所でエックハルトやシエナのカタリナといった神秘主義者のことばが引かれていますし、エックハルトにいたっては、全体のエピグラフにもなっています。間接的な影響関係とかそういう話じゃぜんぜんなくて、ランダウアーは、媒介なしの直接的な聖書の読解をきっかけにして人神論へといたったエックハルトの考えかたそのものから、じぶんの議論を引きだしている。じっさいかれは、個体的なものこそが共同体であり、同時にまた「神的なもの」なんだっていいきっています。異端とみなされてきたものでこそありますが、キリスト教とアナキズムが、はっきりとそこで手をとりあっているわけです。そこから学ぶことは多いと思う。ランダウアー、どんどん読まれるべきだと思います。

とはいえランダウアーを読んでいると、「永遠の大地」とか「無限の宇宙」とか、「血」とか「血族」とか、ことばづかいとしてはちょっとギョッとするようなものがたくさんでてきます。世界との直接的な関係といういいかたじたいもそうですが、こういう一元論的な匂いのすることばは、いまでは回避され批判される傾向にあるものだと思う。たしかにそれももっともで、そういう批判の背景には、いまあげたようなことばはファシズム的なものとなじみやすいっていう問題があります。白石さんと栗原さんの『文明の恐怖に直面したら読む本』のなかでも、ランダウアーの発想が、シオニズム的な発想にもつうじてしまうものであることが指摘されていますよね。だけど、これもやっぱり二人も強調されていることですが、そういったことばがでてきもする地平まで降りていかないかぎりは、状況を変えるなにかは生まれてこないんじゃないかと思っています。

いずれにしろ確認しておきたいのは、ランダウアーが「大地」とか「血」とかっていうとしても、それは、どんなものであれ統合の原理になるようなものから離脱した先にこそみいだされるんだっていうことです。この点はとてもだいじだと思います。ファシズムにも全体性みたいなものから分離していくプロセスがあるわけですが、ファシズムのばあいは、分離した先でより強力な別の原理を立ちあげて、それにもとづいてひとを動員していくっていう契機がかならずある。だからそのときにいわれる「大地」と、ランダウアーがいう意味での「大地」では、意味がまったく逆になっているわけです。

これはさいきん読んですごくおもしろかった『世界を断片化する』（Édition Divergence,

2018）っていう本の序文のなかでいわれていたことなんですが、「良心的な左派」たちは、断片的なものをずっとネガティヴなものとしてしかみてこなかった、と。その「良心的な左派」なるものの筆頭に名指しであげられているのが、キリスト教徒たちだったりする。そこには広い意味でのアナキストたちもふくまれるでしょう。いずれにせよかれらは、バラバラなものを統合して、ひとつの有機的な身体みたいなものとしての社会を築くのがじぶんたちの任務だって考えてきた。それじたいでは力のない断片に、水平的なものであれ垂直的なものであれ、なにかしらの原理を与えてひとつにまとめることこそが重要なんだと。

それを受けてその本の序文の著者、モーゼス・ドブルシュカっていう——これ実在した戦闘的なユダヤ教指導者の名前で、つまりあからさまに偽名じゃねえかっていう名前なんですが——ひとは、そうした発想があるからこそ、そこから外にでていこうとする勢力が生まれ、ひいてはファシズムが生まれるんだといっています。その意味でファシズムっていうのは、左派が引き起こしている現象であり、統合や全体化を求める左派の運動をそっくりそのまま裏返したものなんだというわけです。挑発的ですが、説得力のある議論だと思います。こういう二項対立から距離をとるためには、断片であること、バラバラなままであること、あるいは孤独であるっていうことを、あらためて、ある種ポジティヴなものとして考えなおしてみる必要がある。神が統合の原理になるんだったらそんなものいらないんだっていうエックハルトや、それを受けたランダウアーの議論は、そのきっかけになるはずです。

討議

ネコと目配せをすること

堀　ここからは、登壇者の三名による討議にうつりたいと思います。

先ほど栗原さんから、幸徳秋水はキリストと天皇を重ねあわせて、これを抹殺しようとしていたとお話がありました。いま、この場でもある意味でおなじことがおこなわれているのかもしれません。今日の会はキリスト教という枠組によって設定されていますが、白石さんのことばを借りればカミもヒトもモノもみな統治の一環にすぎませんし、キリスト教や天皇制はそのひとつでしょう。だとすると、キリスト教を批判することで統治を批判するという回路も当然考えられるはずです。

その一方で、天皇制なりキリスト教なり、統治の形態を逆に利用するたたかいかたも考えられると思います。『福音と世界』八月号のなかでは、いまの国のありかたに抵抗する拠点として天皇制を利用できるのではないかという主張の是非を問う企画をくんだんです。その是非はひとまずおくとしても、キリスト教のなかにも、キリスト教の倫理を範として、キリスト者として抵抗しようという、似たような論法がみいだせます。しかし、そうしてなんらかの根拠に頼るたたかいかたは、いったいどこにむかいうるのか。五井さんのいわれていた「世界との直接的な関係」ははたしてそれで可能なのか。そのあたりを掘りさげたいと思うのですが、白石さん、いかがでしょうか。

白石　八月号というと、内田樹さんの記事（「内田樹氏インタビュー『天皇主義者』宣言について聞く――統治のための擬制と犠牲」）ですね。それについて考えるまえに、すこし遠回りして現代思想のはじまりを確認したいと思います。

まず現代思想とはなにかというと、アカデミズムの強度をもった言説を市場に流通させるこころみであると定義することができます。そこでは、たんなるアカデミズムによる啓蒙ではなく、アカデミズムじたいの変貌も期待されている。そして、この意味での現代思想は、人類学者のクロード・レヴィ＝ストロースが一九五五年に書いた『悲しき熱帯』（邦訳＝中央公論新社、一九七七年）からはじまると考えていい。それ以前にもおなじようなこころみはありましたが、うまくはいかなかった。『悲しき熱帯』がヒットしてから、アカデミズムの言説実践がみずからの強度を保ちながら、いわば人民の海へとのりだしていく。

でもじつは、レヴィ＝ストロースはこのときもう四七、八歳だった。そのころの平均寿命は六五歳くらいですから、もう晩年といってもいい。そのうえレヴィ＝ストロースは、人生がうまくいっていなかった。そういう諦念とひらきなおりのなかで、かれは『悲しき熱帯』を思いきって「小説」のように書いた。学術的でもあり、小説的でもある言説の実践は画期的なものですが、やはりというか、世話にもなっていた学界のボスからは絶縁されてしまう。

そうした『悲しき熱帯』の結論はなにか。それはとにかく「離脱しちまいな」ということです。文明はもとより、未開社会にもすくいがあるわけではない。ただ街角で出会うノラネコと目配せできたら、それだけで生きていてじゅうぶんじゃないか。そうレヴィ＝ストロースはいいます。

こうしてはじまった現代思想を一連のシークエンスとみなすならば、『悲しき熱帯』の「離脱」という問いかけをひきついだのが哲学者ミシェル・フーコーの『言葉と物——人文科学の考古学』（一九六六年、邦訳＝新潮社、一九七四年）であるといえると思います。つまり「どこから離脱するのか」。フーコーによれば、それは「表象」からということになる。そのことを詳細に論じる。でも、そこで「どうやって離脱するのか」という問いは残る。それにたいしては、人類学者のピエール・クラストルの『国家に抗する社会――政治人類学研究』（一九七四年、邦訳＝水声社、一九八九年）をあげることができるでしょう。未開社会は文明や国家のつくりだすヒエラルキーに対抗していることがつまびらかにされますが、それだけではない。そうした対抗的な未開社会とはいえ、それが社会であるかぎりしがらみは残る。表象作用からは逃れられない。だから、夜にひとりで歌うことで、未開社会にも残存する表象そのものから離脱できるという。

では、われわれはいったい「どこへ離脱するのか」。批評家ロラン・バルトの写真論や、哲学者ジル・ドゥルーズの映画論には、その手がかりがみいだせます。バルトは『明るい部屋――写真についての覚書』（一九八〇年、邦訳＝みすず書房、一九八五年）のなかで、写真にはメッセージをつたえる表象とは関係なく、みるものを刺してくるもの＝「プンクトゥム」があるといいます。同様に、ドゥルーズも映画について語ります。その『シネマ一・二』（一九八三、八五年。邦訳＝法政大学出版局、二〇〇六、〇八年）によれば、第二次世界大戦をへて映画は変わる。戦争以前は、映画はひとを巻きこむ表象だった。でも、戦争以後は、映画はひとを突き放すものになる。写真をみて突き刺されるように、映画から突き放される。バルトとドゥルーズは、夜の歌によって表象から離脱したわれわれがねざすべき非対称性のありかを示していると思います。

ところで、精神医学者の中井久夫が『分裂病と人類』（東京大学出版会、一九八二年）という名著を書いています。文明がはじまり、ひとはすべてを「表象」によって処理するようになった。それ以前は「徴候」の優位のなかで生きていた。草が揺れたら、風か、ウサギか、クマか、その場その場で判断する。生きるとはそういうことだった。そういう勘が残っているひとが、文明以後の「表象」の体制についていけなくなって病気になるという、ざっくりいうとそうしたすばらしい本です（笑）。

バルトやドゥルーズは、中井のいうような文明以前の「徴候」の残存ないし回帰について語っていたのでしょうし、五井さんのいう「世界にたいする直接的な関係」にひらかれていくときも、世界は「徴候」のもとにあらわれてくるのでしょう。それが人間の「自然」であるならば、表象にたいする徴候の非対称性を保つ一連のケアが「アナーキー」であるとあらためていっておきたい。その境位においては、憲法も天皇も問題にならない。ノラネコと目配せしたりすればいいのではないか。フランスで現代思想の有名な出版社を営んでいるエリック・アザンというアナキストは、「たいていのことはカフェで相談すればかたがつくから国家はいらない」といっています（笑）。われわれは「徴候」にひらかれて生きている。クールな感じで、おたがいに迷惑をかけつづける。

だからルールなんかよりも、ケアが優先しなければいけない。そうやって表象の体制との非対称性を生きることに、アナーキーなものの正義があるのだと思います。統治がいかにも必要かのように語るひとたちに、だまされちゃダメです（笑）。

順接の裏切り、逆接の裏切り

堀　いまの「ケア」という表現はとても印象的ですね。たとえば天皇制なりキリスト教なりを、その本性を実現すべきひとつの目的として位置づけるようなたたかいかたでは、「ケア」にならないということですよね。

その意味で気になるのは、この会の打ち合わせを以前おこなったときに、五井さんがいっていた「裏切り」ということばです。目的を裏切ることがある種のケアにつながるのかもしれないと思うのですが、いかがですか。

五井　そうですね。打ち合わせでキリスト教とアナキズムの関係について話していたときにパッと思いついたのが「裏切り」ということばでした。そのときはたぶん、「裏切り」には二種類ある、みたいな話をしたんだと思います。ひとつは「順接」の裏切りで、もうひとつは「逆接」の裏切りです。それをふまえていえば、キリスト教とアナキズムの関係は、前者の、順接の裏切りをとおしてこそつながるものなんだろうと思うんです。

だけどそのふたつの関係を逆接でつなぐような話ばかりがされていて、どうにもつまらない。逆説の裏切りというのはけっきょく、いまはこうだけど、「あえて」、こうしてみよう、こういってみようという、その意外性によってひとを動員しようとするものです。混乱に乗じて状況を思うようにコントロールしていこうとする発想がそこにはある。しかもその派手さとはうらはらに、結果としてそこに生まれるのは、出発点にあったものがマイナーチェンジされたなにかでしかない。その意味でそれは、本質的な意味で保守的なものだと思います。すでにある土俵から一歩もでていない。せいぜいかたちが変わっただけです。そしてそういった裏切りかたをしているのが、たとえば、天皇制を支持することで国家に抵抗しようとしているひとたちなんだといえるんじゃないかと思います。

白石　国家とおなじ土俵にのっちゃっているんですね。でも、それじゃあかならず負ける。

五井　そうなんですよね。だから「アナキズム、にもかかわらずキリスト教」とか、「キリスト教、それでもなおアナキズム」とかといったかたちでふたつをつないで考えてしまったのでは、多かれ少なかれ、一方のいまあるありかたに、他方を還元してしまうことになる。そういう発想は避けるべきだと思います。だいたいそれは、ふたつの歴史からいっても事実ではないはずです。キリスト教とアナキズムは、確たるものとしてあるような、独立したふたつのものとして似ている、その意味でつながるわけではない。そうじゃなくて、このふたつはどっちも、そもそもそれじたいのうちに、「こうであるべき」っていう規範からバックレていくような動きをやどしている。順接的なものとして、つまり当然のことであるかのようにして、みずからのうちに裏切りをふくみもっている。その点でこそつながるんだと思うんです。

『シネマ』を書いたドゥルーズは、別の本のなかで、旧約聖書はなにかと話をふって、それは史上最古の「小説」なんだともいいきっています。さすがに笑える断言ですが、そのとおりだと思うし、そういうふうに読むべきだと思う。登場人物が読者に期待されるようなプロットをたえず裏切っていくからこそ、神話でもたんなる物語でもなく、また叙事詩でも悲劇でもないなにかが、つまりは小説が生まれるわけでしょう。神話や物語には、ある種のお約束というか、決まった型がある。それこそそれは、データ化、表象化できてしまうものです。叙事詩や悲劇にも、すでに起こった出来事を語るものである歴史や、神や運命みたいなものとの一方的な関係というかたちで、「こうであるべき」規範のようなものがある。だけど小説は、そうしたいっさいから自由でありえる。そこには、次の瞬間どうなるかが読めないような、めちゃくちゃなものとか、断片的なままであるようなものを、そのまま許容する自由があるわけです。

そうした小説としての聖書ということで、ドゥルーズは、旧約からヨナの例なんかを引いて、いかに聖書が裏切りの連続を記録したテクストなのかっていうことを述べています。旧約にかぎらず、じっさい新約にしてもめちゃくちゃな話ばかりですよね。そもそも、イエスの最期のことばであるとされている「エリ・エリ・レマ・サバクタニ」、つまり、「主よ、主よ、なぜ私をお見捨てになったのですか」って、「聞いてた話とぜんぜん違うんですけど！」っていうことでしょう（笑）。そんなふうに、あからさまに裏切られてイエスは死ぬ。めちゃくちゃかわいそうっていうか、この時点ですでにびっくりではあるわけですが、だけどワインとか飲ませてもらったらなんだか生きかえって、なんかまたそれっぽいえらそうなことをいいはじめる。衝撃です。神に裏切られ、裏切られた神を裏切る。いったいこれはなんなのか。二〇〇〇年分の解釈を積みかさねても、描かれていることからだけでは意味がわからない。途方にくれるようなでたらめさ、だけどおもしろい。たとえばこういうダイナミズムを読むべきなんだと思います。

そしてこういうダイナミズムを共有しているからこそ、つまり順接的なものとして裏切りを内包しているからこそ、そのふたつは並びたちうる。それも、キリスト教、であるからこそアナキズムというかたちで、並びたちうるようなものなんだと思います。だから本性ということでいえば、どっちもその本性として裏切りを内にふくんでいるんだっていえばいいかもしれない。そういう本性的な裏切りが具体的に展開されるときに、さっき栗原さんがいったような、イエスのアナキスト的で非対称的なたたかいみたいなものも生まれてくるのかなと。

「そうだ、リャクをやろう!」

堀　非対称性というと、一方は強大で他方は弱小といった力関係のもと、厳しいたたかいを強いられる印象もありますよね。ただ、打ち合わせのときにはたしか、順接の裏切りとはつまるところ蜂起であるといった話もあったと思うんです。だとすると、非対称性とは、大小のスケールでは測れない増幅力を秘めたもののようにも思えます。その意味では、栗原さんがご専門のアナキストたちや今回書かれたイエスもまた、順接の裏切りのもつ力に賭けたひとたちだったのかもしれませんね。

栗原　そうですね。アナキストって、周囲から期待されていることや、じぶんが立てた理想すらも裏切っちゃうひとたちですからね。そういうところにこそアナーキーな自由さがあるのだと思います。

天皇制しかり、権力って、相手をじぶんたちの土俵にのせようとするわけですよね。つまり、対称性をつくろうとする。だからこそ、権力に反対する側からも天皇制を民主的にすればいいんじゃないかといった発想がでてくるわけですが、そりゃあないでしょう（笑）。むしろだいじなのは、「天皇制はいらない」といいつつも、じぶんたちがいっていることとそのことじたいをどれだけ裏切れるのかということだと思います。

このかんぼくは『菊とギロチン』っていう映画のノベライズ本（『菊とギロチン――やるならいましかねえ、いつだっていましかねえ』タバブックス、二〇一八年）を書いていたんですが、それは、一九二三年に大杉栄が憲兵に殺されたあとの敵討ちをやっていたギロチン社のひとたちの話なんです。天皇をギロチンにかけるという意味でギロチン社なんですが、かれらのいっていることって意外と参考になるのかなと思います。

このギロチン社のひとたちの発想は単純で、天皇制についてあれこれと考えるよりも、とりあえず天皇を爆弾で吹っ飛ばせばいいでしょうというんです。ギロチン社が活動したのは大正時代ですが、大正天皇は病気ですぐ死ぬだろうということで、かれらは次代天皇となる裕仁を爆弾で吹っ飛ばそうとしていました。なかばノリのような感覚でとりあえず裕仁を吹っ飛ばす、そういう感覚はじつはすごくだいじなんじゃないかと思っています。

あと、かれらはすごくダメな連中なんですが（笑）、でもそのダメなところがいいんです。ギロチン社には中浜哲《なかはまてつ》というひとがいたんですが、かれは幸徳秋水の影響を受けたりして、やはり支配の象徴を吹っ飛ばそうと考えていました。でも、ほんとうにガチで天皇制とやりあおうとすると、逆説的なかたちで権力が成立しちゃうんです。敵をぜったいに撃つためには、これだけの人数でこれだけの資金を集めて、これだけの爆弾をゲットして……というふうに効率的・合理的に天皇を爆殺しにいかなきゃいけなくなってくる。でも、そういうことをやりはじめると、おなじギロチン社のなかでもつかえるやつとつかえないやつの区別が生まれちゃうじゃないですか。

白石　国家のアルゴリズムが発動してしまう。

栗原　そうですね。敵を完全に撃つためには、鉄の掟をつくって秘密をまもる必要があるし、そこではどうしても支配構造が生まれてしまうと思うんです。もっとも、それではダメだということをかれらが意識していたのかどうかはわからないんですが。

ともあれ、ギロチン社は、裕仁を撃つためにまず資金集めからはじめるんです。なにをするかというと、リャク、略奪です。かれらは、仕事したくないんです。疲れますからね。あくまではたらかないで、たらふく食べたい。そのためにかれらは、ピストルとかナイフをもって会社や金持ちの家を回るんです。そこで「お金ください」とかいうと、意外とあっさりと一〇〇万円くらい手に入ったみたいです。

ちなみに、こういうリャクの発想って、ギロチン社にかぎらず、民衆のなかにずっと継承されてきたものなんだと思います。ギロチン社は貧乏人や小売りの商店を襲ったりはしないんです。あくまで金持ちを襲っては、取り分をじぶんたちで分けあう。民衆の想像力のなかでも、世のなかが金持ちに支配されているときには、石川五右衛門やねずみ小僧、あるいはぼくの大好きな『水滸伝』しかり、盗賊のヒーローみたいなひとがでてきます。そういう民衆の感覚ってだいじだと思うんです。世のなかが金持ちに牛耳られていて、にっちもさっちもいかない。だったら盗賊をやってでもなんとかしていくぞ、と。だから、じぶんがじっさいにリャクをやるかはともかくとしても、こうした民衆の感覚を殺さないでおくことが、もしもじぶんがひどい目にあったときに立ちあがる力になるのではないかと思っています。

話をもとにもどしますが、ギロチン社のリャクのばあい、さらにおもしろいのはそのお金のつかいかたです。天皇を殺すつもりなんだったら、いま死ぬつもりで生きなきゃいけないんだとかれらはいいます。つまり、「やるならいましかねえ」わけです。でもそこでかれらは決起するんじゃなくて、「いま死ぬつもりで遊ばなきゃダメじゃねえか」とかいって、女郎屋に行ったりして遊んでお金をぜんぶつかいはたしてしまうんです。ああ、一瞬で金がなくなってしまった、どうしようか。もう一回リャクをやろう。もう一回、もう一回。かれらは、そうして次々とリャクをやって東京中周りつくしたあげく、警察にマークされてしまい大阪に逃げていきました。

けっきょくかれらは、裕仁殺しもしないままつかまってしまいます。中浜哲なんてリャクしかやってないのに処刑されてしまう。なにもできなかった。でも、その行動はすごくおもしろいと思うんです。天皇制を打倒しようとして、おなじ対称性の論理にのってガチでくみあってしまうと、こちらも国家のようになってしまう。だけどかれらは、資金集めだといってリャクをやるうちに、あきらかにリャクそれじたいが楽しくなっているんですよ。リャクにつぐリャク、そのあともさらにリャク。気づいたら、リャクだけで飲み食いして騒いで楽しく暮らせている。ある種、はたらかないで食べていく生活をほんとうに実現していたわけです。

もちろんそれだけでやっていこうとしても長続きはしなかったでしょう。せいぜい、一〜二年しかもたない暮らしだとは思います。けれど、当初は天皇制打倒という大義を掲げていたはずが、いつのまにかぜんぜん違うところにのめりこんでしまっている。それはある種の裏切りなんじゃないかと思います。でも逆に、じぶんたちが掲げていた理想にそのまましたがってしまうと、権力と対称的な論理になってしまう。「おまえら、天皇をやるつもりなんだから、ここはきっちりやらなきゃダメだろう」とマジになってツメはじめたら、たぶん、国家とおなじようになってしまうでしょう。だけど、そうじゃない得体のしれない力がふっとわきあがってきて、暴走しはじめる瞬間があるんですよね。そういうのを頭ごなしにダメだっていって倫理的にツメるんじゃなくて、ゆるりと「リャク、いいね!」といっていくことが、白石さんのいうケアにつながるのかもしれません。

白石　ケアだね、それは。あきらかにケアだね。

栗原　「ダメでいいじゃないか」っていう、やさしさのようなもの。それを保っておくことで、まったく別次元のおもしろい生きかたができるのかもしれません。その意味でギロチン社には魅力があると思いますし、天皇制が強いるのとは違う生きかたをしていくうえでも、ちょっとしたヒントになるんじゃないでしょうか。

あっ、いちおうちゃんといっておくと、ぼくは「みんなで略奪しましょう」っていっているわけじゃないですよ。だいじなのは、ほんらい目的としていたわけでもないのに、いちどやりはじめたら、リャクおもしろいじゃんで暴走していくその力です。運動の成果も評価もクソも関係ない。あえていえば「遊び」です。たえず「これおもしろいな」って思えることを前提としながら生きていきたいなと。ぼくがずっと子どもの心を保っていたいだけなのかもしれないですけど（笑）。

いまの社会では「やりたいことやりましょうよ」とうまくいいくるめてひとをはたらかせるので、おもしろいことだけやろうとか、やりたいことだけやろうよというと、若干、それと重なってみえるところもあるかもしれません。でも労働になると、じぶんのやっていることがかならず評価の基準におしこめられて交換可能なものにされてしまう。けれど、ほんとうのところ、ひとが生きていくのに「つかえる」とか「つかえない」とかいう評価は不要なんじゃないか。それよりもなによりも、遊びの感覚がだいじなんだと思います。

五井　評価の基準をもうけることによって、ある意味でひとの言動を統合しようとするわけですよね。評価されたいとか褒められたいって気持ちはわかるけど、じっさい問題、本質的な意味で力をもつものって、だれかのためにとかなにかのためにやることじゃなくて、たったひとりで孤独だとしても、それをやることじたいがただただ楽しいなって思ってやってることなはずです。けっきょくそういうものが、知りもしないだれかに届いたり、思ってもみなかったどこかで作動したりする。ランダウアーのいった「共同体」とか「大地」っていうもののイメージは、すごくざっくりいえばそういうものだと思います。

ちょっとまえにスケボーがオリンピックの種目になるらしいと聞いて耳を疑いました。スケーターっていうのは、たとえばもっと高く飛べるようになりたいとかっていうただそれだけの理由で、それこそ非対称的なかたちで警察をかるくいなしたりしながら、だれにいわれるわけでもなくなんどもなんども執拗におなじことをくりかえすわけでしょう。純然たる遊びですよね。宮下公園〔東京都渋谷区立の公園だったが、二〇〇九年にナイキジャパン社に命名権が売り渡され、区による野宿者排除ののちに有料のスケートボード場などが設置された。現在は公園じたいが閉鎖され、ホテルや商業施設を建設中〕なんかの例もあるとおり、だからこそ権力が介入してきて、評価の基準を導入したり、場所を囲いこんだりして、遊びのもっている力を懐柔しようとしてくる。しかもじっさいそういう権力の身ぶりは機能してしまっている。グラフィティなんかもそうです。ジェントリフィケーション〔貧困層などの排除をともなう都市再開発〕のために利用されてしまったり。スケボーであれグラフィティであれ、そこにある非対称性を維持したり、増幅させたりするための技術が、ケアが発明されなきゃいけないんだと思います。

アナーキーな政治としての遊び＝祈り

白石 いま栗原さんから「遊び」ということばがでましたが、遊びは英語でplayといいます。一方で「祈り」はprayです。まぁ、この「L」と「R」はおなじようなものです。

会場 （笑）

白石 いやいや、マジでおなじですよ。「L」と「R」はおなじ流音ですから、むしろ近似していることになにごとかを感じるべきです。その違いを強調するのは、英会話教師が得意になってわれわれをいじめているだけです。

栗原　舌を巻いて（笑）。

白石　そうそう（笑）。この祈り＝遊びは、ある一連の行動を断ち切って、ゆとりを生むものだと思います。こうしなさいといわれていても、それがいったん中断されてしまう。祈り、遊び、ゆとり、それらはたがいにつうじあうものなのでしょう。

三・一一以降、あらためて感心したのですが、一九七九年にロベルト・ユンクが書いた『原子力帝国』（日本経済評論社、二〇一五年）という古典があります。そこにアンナ・Rという仮名の女性がでてきます。スイスで原発反対運動のデモがあった。最後の集会も盛りあがり、しばらくするとみんな去っていってしまった。でもそこに、ひとりだけ残ったのがアンナ・Rです。かのじょは「いまここで起きたことについて、ゆっくり考えてみたい」と思った。つまり、データで処理するんじゃなくて、徴候にねざして思いをめぐらしていた。すると、それをあやしんだ警察につかまってしまう。頭がおかしいとされ、精神病院で電気ショックなんかもかけられる。たいへんな虐待を受けることになる。でもかのじょは、そのとき祈っていたのでしょう。ふつうの抗議行動から逸脱していたという意味で遊んでもいたのでしょう。そうした祈りや遊びを許さないのが、表象の体制のもとで作動する国家のアルゴリズムです。

すこし話は変わりますが、買い物が楽しくて気晴らしになるというひとがいる。個人的には、以前はまったくそう思えなかったんですけど、さいきんその気持ちがちょっとわかるようになりました。買い物って、ようするに狩猟採集なんですね。

栗原　スーパーで狩猟採集している（笑）。

白石　そう、自然にもとづいている。小さい子どもは歩いているときに、葉っぱを拾ったりする。あれとおなじようなものです。そういう自然の身ぶりにもとづいていなかったら、買い物という行為はここまで広まらない。その自然の身ぶりが、表象の体制にくみこまれて、国家のアルゴリズムのもとでやらされているのが現在です。スーパーでは徴候にもとづいて採集したものがぜんぶ値段というデータに還元され、最後にお金を払わないといけない。そうしないと法にもとづいて取り締まられてしまう。その意味では、買い物も労働です。国家のアルゴリズムにそった強制がはたらいている。

はじめにすこしふれましたが、こうした労働の原型はプランテーションだと思っています。かつては必要に応じてはたらいて、遊びとなかば一体になったものだったのに、プランテーションで奴隷化されてからは、四角に区分された田んぼや畑ではたらかされる。いまでも、オフィスビルなんかはみんな四角いですよね。オフィスビルではたらくのも、プランテーション労働の一種だと思います。……いや、ほんとうですよ！　だったらなぜ、ビルは四角いんですか？

会場　（笑）

白石　表象は条理化でもあるから、だいたい方形になる。その環境で作動する〈法―取り締まり―プランテーション〉というアルゴリズムのもとで、われわれはずっと生きてきたけれど、ときには苦しくなってしまう。そのときにこそ、徴候の自然にたちかえってみる。くりかえせば、それがアナーキーなもののはじまりなのでしょう。そこでは〈自然―ケア―遊び〉という連鎖が非対称的に生きられているのだと思います。

一九三〇年代から四〇年代にかけてのスペインでは、アナキストたちがだいたい六割くらいの支持をえていました。それでじゅうぶんだと思います。けれどアナキストたちは相手の土俵にのってしまう。選挙に打ってでて人民戦線内閣に入閣しようとする。その結果、じぶんたちの優位があいまいになり、内戦のなかで虐殺が繰り広げられる。五〇万人もの亡命者がでる。たいへんなことになってしまった。ですから、あくまでも非対称性を保たなきゃいけない。それが直近でアナキズムがもっともあらわになったスペインから学ぶべき教訓です。直接性や非対称性のためのケアをする。われわれの〈自然―ケア―遊び〉という連鎖は、国家の〈法―取り締まり―プランテーション〉というアルゴリズムとはけっしてまじわらない。この断絶の正義こそがアナーキーな政治であり、それさえあればもうじゅうぶんなのだと思います。

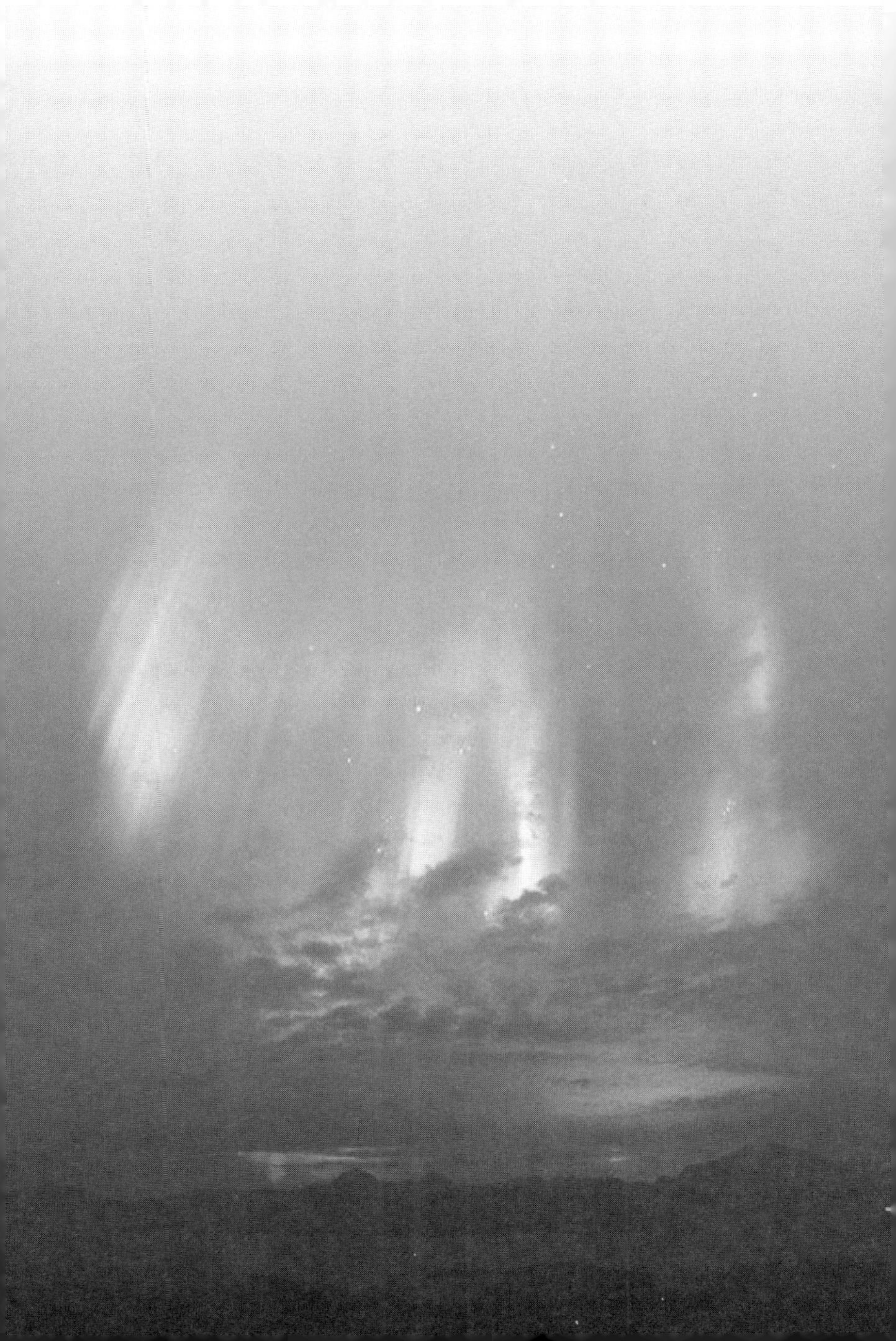

執筆者一覧

I　身体・秩序・クィア

佐々木 裕子（ささき・ゆうこ）
東京大学大学院博士課程（フェミニズム・クィア理論、レズビアン・スタディーズ）。国際基督教大学ジェンダー研究センター助手。「SOSHIREN女（わたし）のからだから」。共著に『にじ色の本棚』（原ミナ汰・土肥いつき編著、三一書房、二〇一五年）、『メディア・レトリック論』（青沼智・池田理知子・平野順也編、ナカニシヤ出版、二〇一八年）。責任編集『女たちの21世紀　特集LGBT主流化の影で』（九〇号、二〇一七年六月）。カトリック信者。

堀江 有里（ほりえ・ゆり）
同志社大学神学部卒業。同大学院神学研究科歴史神学専攻（修士）、大阪大学大学院人間科学研究科（博士）修了。博士（人間科学）。社会学、クィア神学。主著『レズビアン・アイデンティティーズ』（洛北出版、二〇一五年）、『「レズビアン」という生き方――キリスト教の異性愛主義を問う』（新教出版社、

二〇〇六年）など。現在、農村伝道神学校・清泉女子大学ほか非常勤講師、法政大学大原社会問題研究所・客員研究員。日本基督教団なか伝道所（横浜寿町）・牧師。

要 友紀子（かなめ・ゆきこ）

ＳＷＡＳＨ（Sex Work And Sexual Health スウォッシュ）代表。著書に『風俗嬢意識調査――１２６人の職業意識』（共著、ポット出版、二〇〇五年）、『セックスワーク・スタディーズ――当事者視点で考える性と労働』（共著、日本評論社、二〇一八年）。

II　自己・神・蜂起

白石 嘉治（しらいし・よしはる）

一九六一年生まれ。フランス文学者。上智大学ほか非常勤講師。著書に『増補　ネオリベ現代生活批判序説』（新評論、二〇〇八年）、『不純なる教養』（青土社、二〇一〇年）など。『来たるべき蜂起』（彩流社、二〇一〇年）や『われわれの友へ』（夜光社、二〇一六年）といった不可視委員会の著作の紹介にも取り組む。最近の共著に白石嘉治＋栗原康『文明の恐怖に直面したら読む本』（Ｐヴァイン、二〇一八年）がある。

栗原 康（くりはら・やすし）

一九七九年埼玉県生まれ。現在、東北芸術工科大学非常勤講師。専門はアナキズム研究。著書に『大杉栄伝――永遠のアナキズム』（夜光社、二〇一三年）、『はたらかないで、たらふく食べたい』（タバブックス、二〇一五年）、『菊とギロチン――やるならいましかねぇ、いつだっていましかねぇ』（同、二〇一八年）、『アナキズム――一丸となってバラバラに生きろ』（岩波書店、二〇一八年）など。ビール、ドラマ、詩吟、長渕剛が好き。

五井 健太郎（ごい・けんたろう）

一九八四年新潟県生まれ。現在、東北芸術工科大学非常勤講師。専門はシュルレアリスム研究。翻訳に、マルグリット・デュラス「ただ狂人たちだけが完璧に書く」（『マルグリット・デュラス』河出書房新社、二〇一四年）、ヴァージニア・ウルフ「壁のしみ」（『ＨＡＰＡＸ』七号、夜光社、二〇一七年）、マーク・フィッシャー『わが人生の幽霊たち――うつ病、憑在論、失われた未来』（Ｐヴァイン、二〇一九年）など。絵が好き。

統べるもの／叛くもの——統治とキリスト教の異同をめぐって

2019 年 3 月 31 日　第 1 版第 1 刷発行
新教出版社編集部 編
発行者……小林　望
発行所……株式会社新教出版社
〒 162-0814 東京都新宿区新小川町 9-1
電話（代表）03 (3260) 6148
振替 00180-1-9991
装釘……宗利淳一
印刷・製本……モリモト印刷株式会社

ISBN　978-4-400-31086-0 C1016